Rob Plersch

Frag was können diejenigen bessers hoffen, als sie wirklich haben,

die den thörichten Wunsch äußern, wenn doch nur einmal die Franzosen ins Deutschland kämen

Rob Plersch

Frag was können diejenigen bessers hoffen, als sie wirklich haben,
die den thörichten Wunsch äußern, wenn doch nur einmal die Franzosen ins Deutschland kämen

ISBN/EAN: 9783743691865

Hergestellt in Europa, USA, Kanada, Australien, Japan

Cover: Foto ©ninafisch / pixelio.de

Weitere Bücher finden Sie auf **www.hansebooks.com**

Frag:

Was können Diejenigen Bessers hoffen, als sie wirklich haben, die den thörichten Wunsch äußern:

Wenn doch nur einmal die Franzosen ins Deutschland kämen!

Von Ph. —

Aus fremdem Schaden klug werden, aus der alten, und neuen Geschichte Verhaltungsregeln für sich herauszuziehen, ist immer heilsamer, und leichter, als sich die Klugheit durch eigenes Unglück, und Belehrung in seinen Irrthümern, und Abkühlung seiner Leidenschaften durch die Strafe für seine Unbesonnenheiten und Verbrechen erst erkaufen zu müßen.

J. F.

Vorerinnerung.

Wer sollte es glauben, daß zu einer Zeit, — wo jeder, — in dessen Adern nur noch ein einziger warmer Blutstropfe der Menschheit quillt, — vor jenem fürchterlichen Revolutionsfeuer Frankreichs zurückbebet; — zu einer Zeit, — wo aus einem Reiche, das ehevor das allerchristlichste genennt wurde, eine schwarze, und gottlose Sekte ihr vielköpfiges Haupt empor hebet, — und nicht nur die ganze Christenheit, sondern sogar Sittlichkeit, — Menschlichkeit, ja alles das, was nur von ferne einen Bezug auf Menschlichkeit haben kann, mit mehr als Tygerwuth anfällt. — Zu einer Zeit, — wo die Gewitterwolke, die über unserm Haupte hängt, den Umsturz der Thronen und Staaten sowohl, als dem Privatinteresse einzelner Bürger, und Mitglieder des Staates drohet, und nicht nur inner den Gränzmauern der sogenannten neu-

frän-

Borerinnerung.

fränkischen Republik seine entsetzliche Verwüstungen fortsetzet, sondern sogar jede Gränzen zerschmettern, und ein allgemeines Verderben anrichten will. — Zu einer Zeit, — wo Kaiser, — Könige und Fürsten gemeinschäftlich hineilen, wider die Unterdrücker der ganzen Menschheit Rache zu nehmen, den Wohlstand, das Eigenthum, die Sicherheit ihrer Unterthanen zu schützen, — und mit Gefahr ihres Lebens in einem weit entfernten Lande für das Wohl des Bürgers Ungemache dulden. — Zu einer Zeit, — wo der Sohn dem Vater entrissen, — die Stütze seines Alters gelähmet, die Kinder von ihren Aeltern verabschiedet, — ganze Schaaren der kräftigsten Jünglinge mit standhafter Tapferkeit für Religion, für das Beßte ihrer Mitbrüder streiten, dem reißenden Strom sich entgegen setzen, und schon dem tausend nach zur Erde hingestreckt sind; — — zu einer Zeit, — wo eine Horde neufränkischer Kartusche angelokt von deutschen Verräthern, — von Lotterbuben, die schon lange unter der Fahne des Illuminatismus, — ähnliche

in=

Vorerinnerung.

infernalische Entwürfe brüten, in Deutschlands Staaten sich eindränget, und wozu ihnen selbst treulose Deutsche, bankerutirende Krämer, wollüstige Exmönche, — hungrige Aftergelehrte, und gesintmäßige Lumpen Hilfe, Rath und Vorschub leisten; — zu einer Zeit, — wo sie schon wirklich die herrlichsten Städte und Ländereyen Deutschlands als Maynz, Frankfurt, Worms, Speyer, Zweybrücken, die Pfalz, Falkenstein, Trier, Köln, Breysach theils besetzt, theils noch gegenwärtig besitzen, — den Bürgern und Landleuten ihr Vermögen nehmen, und zu Vettler machen; wo sie die Bürgersöhne mit sich schleppen, und sie zum Dienste gegen ihr Vaterland zwingen, dem Manne das Weib, der Mutter die Tochter, dem Bräutigame die Braut rauben, um vor ihren Augen selbe zu schänden, oder zur künftigen Population in ihrem Lande aufbewahren; zu einer Zeit, wo ohnehin der Preis der Lebensmittel erhöhet, wo Künstler und Handwerker keinen Abgang mehr finden, — wo ins Elend frey Hinziehende unser Vaterland anfüllen,

Borerinnerung.

len, wo Religion und Staatsklugheit ab»
nehmen, wo Deutsche dem Tausend nach
ihre Städte verlassen, — ihre Güter verlieren, — zu ihren Mitbrüdern sich flüchten,
und ihnen ihr entsetzliches Elend laut in die
Ohren schreyen! — Wer sage ich, sollte
es glauben, daß zu solch einer Zeit noch
Menschen, — und was über alles hinaus
ist, — staune und schaudere Nachwelt!
sogar Deutsche zu finden wären, die den
thörichten Wunsch äußern: „Wenn doch
nur einmal die Franzosen ins Deutschland
kämen!" und bey der Weinkanne so gerne
— wie es scheint — den schwarzen Hut
mit der rothen Freyheitskappe vertauschen
möchten. —

Ach Brüder! Was für einem einge=
bildeten Besser jagt ihr denn nach! O ihr
unglücklichen Spielbälle des Ehrgeizes eu=
rer heimtückischen Betrüger! — Ist denn
nicht die langwierige Erfahrung eines
gründlichen, eines dauerhaften Wohlstan=
des besser, als jene zweifelhaften und leidigen
Versuche von Vollkommenheit und Ver=
besserung, die nur vermittelst Vergießung

des

Vorerinnerung.

des Bluts und Zerstörung der Reiche angestellt werden? — Oder wie? — Was könnet ihr von einer Nation hoffen, die, als sie noch im Stolze seines Glückes ganz vertiefet war, euren Namen nur zum Hohn — und Losungsworte angewendet hat? *) von einer Nation, — die nun in den schändlichsten Schlamm der Laster und Ruchloßigkeiten versunken alles, was noch heilig ist, was noch Gefühl von Menschheit besitzt, unter die Füße tritt! —

Und was ist denn endlich, das euren wirklichen Stand, in dem ihr schon so viele Jahre ruhig, und in dem Besitz der Sicherheit zugebracht habet, beschwerlich machet? — Ihr antwortet: — „Schon „lange genug haben wir das drückende „Joch der Religion getragen, — schon „lange darben wir in der Armuth, — „in der Dürftigkeit, — schon lange ha„ben wir Obrigkeiten über uns, die „uns auf zerschiedene Arten drücken;
„nun

---

*) Ein angesehener und mit Frankreich äußerst bekannter Mann N. versichert mir, daß er in den Parlamenten mehrmals die deutsche Hunde — habe nennen hören. —

Vorerinnerung.

„nun haben wir die schönste Gelegen-
„heit uns bey Heranrückung der Franzo-
„sen — einer gelindern Religion, —
„einer gänzlichen Gleichheit und Frey-
„heit zu erfreuen." Doch, Brüder!
ihr betrüget euch, — ihr stürzet euch in die
äußerste Gefahr, das Gute, so ihr wirklich besitzet, mit einem höchst verderblichen
zu vertauschen. —

   Höret mich; denn die Sache ist äus-
serst wichtig. — —

   Alles, was ich euch da sage, habe ich
aus öffentlichen Schriften, und bewährten
Urkunden gesammelt. — Ueberzeugt, daß
es hier weit mehr auf Sachen, als auf
Worte ankomme, scheuete ich mich nicht,
die Beobachtungen tiefsehender Männer
wörtlich aufzunehmen, wenn sie in den
Plan meines Unternehmens paßten, und
dieß um so viel lieber, weil es weniger Ei-
gendünkel und mehrere Wahrheitsliebe zu
erkennen giebt. *)

---

*) Etwas wider die Feinde Josephs des Zweyten.
1792.

§. I.

§. I.

Was könnet ihr wohl Bessers hoffen? — Etwa bessere Religion? — —

Der Hauptzweck eurer Zusammentretung in eine Gesellschaft ist kein anderer, als Friede und Eintracht zu unterhalten; — dieses zu bewirken ist ein Band — ein sittliches — ein heiliges Band nothwendig, kraft dessen ein Bürger mit dem andern verknüpfet, einer von dem andern abhange, der Kleine dem Grössern, der Niedrige dem Mächtigen unterworfen sey, und eine Ordnung nicht nur dem äusserlichen oder dem Scheine nach, sondern auch in der Seele, und im Geiste herrschen muß. — Ist dieses glückselige Band in einem Staatskörper, er sey auch so schön, als er wolle, nicht vorhanden, so wird derselbe auf Sand gebauet, und auf lockerstem Grunde stehen. — Dieß sagt uns die Vernunft, und eine lange

Erfahrung ist Bürge dafür. Oder wie? —
Ist wohl ein Haus, eine einzige auch nur klei=
ne Familie, — in der Eintracht, Ruhe und
Zufriedenheit herrschen kann, aus welcher alle
Unterwürfigkeit verbannet ist, ein jeder dem
andern befehlen, und keiner gehorchen will? —

Und wo — wo anders findet ihr dieses sitt=
liche, — dieses so heilige Band, das euch so
enge, auf eine so ersprießliche Art miteinander
verknüpfet, als in eurer heiligen und christ=
katholischen Religion, die ihr wirklich besitzet? —
In eurer Religion, in der alles zu finden, was
zur Aufrechthaltung der innerlich = und äußer=
lichen Ruhe, und des allgemeinen Besten nicht
nur heilig, sondern sogar nothwendig und un=
umgänglich ist? — Oder ist's nicht eure heili=
ge Religion, die ihrem wesentlichen Innhalt
nach auf eine allgemeine Heiligkeit und Un=
schuld zielet? — Eure Religion, — welche
die Gerechtsame der Regenten und Obrigkeiten
in vollkommene Sicherheit stellet? — Eure
Religion, die den Unterthanen sowohl, als
ihren Obrigkeiten die allerbesten Pflichten vor=
schreibet? — Eure Religion, welche diejenigen
Laster ernstlich verdammet, wodurch Königrei=

che

che und Staaten, Familien sowohl als einzelne Personen unglücklich gemacht werden? — Eure Religion endlich — die im Gegentheile die Quelle einer allgemeinen Glückseligkeit und Wohlfarth eines Landes ist? —

Ja sie ist es — eure Religion, die auf eine allgemeine Heiligkeit, und Unschuld zielet; da selbe ihre Mitglieder lehret gegen die unordentlichen Lüste zu kämpfen, sich vor allen Befleckungen des Fleisches und Geistes zu hüten: — Mäßigkeit, — Bescheidenheit, — Sanftmuth, Geduld, Gerechtigkeit, Billigkeit zu beweisen, und dadurch alle ihre bürgerlichen Pflichten und Tugenden zu adeln.

Eure Religion ist es, welche die Gerechtsame der Regenten und Obrigkeiten in vollkommene Sicherheit stellet. — Sie leitet das Ansehen der Obrigkeit von göttlicher Anordnung her, und trägt zuförderst einen Lehrsatz vor, der allen Obrigkeiten in der Welt zur Ehre gereichet: „Es ist keine Obrigkeit ohne von Gott; und wo nun eine Obrigkeit ist, die ist von Gott geordnet; ein jeder soll nicht nur aus Furcht der Strafe, sondern auch des Gewissens halber unterthänig seyn. — Eine jede Seele unterterwerfe sich der höhern Gewalt: wer der obrigkeitlichen Gewalt widersteht, widersteht der Anordnung Gottes." — Es ist daher eurer Religion gefällig, daß die Oberhäupter aller Staaten von ihren Unterthanen geehret werden; es ist ihr gefällig, wenn selbe weise und heilsame dem Staat einträgliche Geseze machen; es ist ihr gefällig, daß selbe ein verbindliches Ansehen über die Handlungen der Menschen haben, und die Uebertretungen derselben bestrafet werden; — es ist ihr gefällig, wenn Menschen, — die Vernunft, — Rechtschaffenheit, — und eine von aller Schmeichelsucht und Kabale, — die so manchmal Regenten verblenden, — entseelte Mannbarkeit besitzen, in einem Staate zu solchen Aemtern gebrauchet werden, von deren treuen Verwaltung das Wohlergehen der Völker abhanget. —

Bey diesem allem bleibt eure Religion noch nicht stehen; nein, sie bindet den Gehorsam der Unterthanen nicht an den guten und unsträflichen Charakter der Regenten, sie befiehlt nicht, daß sie nur vernünftigen und weisen, gütigen und tugendhaften Regenten gehorchen sollen; wie unsicher würden auf diese Weise die Thronen

der

der Fürsten auf Erde stehen? — Auch will eure Religion, daß die Unterthanen ihrer Obrigkeit geben sollen, was sie ihr zu geben schuldig sind. Denn das Wohlergehen des Regenten und seiner Unterthanen ist allenthalben unzertrennlich miteinander verbunden. — Die Angelegenheiten der Staaten, die Bedürfnisse der Zeiten sind einander nicht allemal gleich. Es ist daher der Weißheit der Obrigkeiten überlassen ihren Unterthanen das aufzulegen, was die Noth, die Sicherheit und Ehre des Landes oder auch die Bequemlichkeit erfordert.

Eure Religion ist es, die den Unterthanen sowohl, als ihren Obrigkeiten die allerbesten Pflichten vorschreibet; sie die Religion befiehlt dem Höhern ohne Murren zu geben, was ihm gehört; Ehre, wem Ehre, Zoll, wem Zoll, Tribut, wem Tribut gebühret. Sie gebiethet, was keine irdische Macht erzwingen kann: Gehorsam zu leisten der Obrigkeit nicht nur dem Scheine nach, sondern mit redlichem Willen, nicht nur aus bloßer Furcht, um der Strafe zu entfliehen, sondern Gewissenshalber, um Gott zu gefallen. Sie
stellet

stellet den Regenten als den Diener des Allerhöchsten vor, der nur den Verbrechern zum Schrecken das Schwert hält und zückt, und sie giebt dem Unterthanen das sicherste Mittel an, furchtfrey unter den Augen seiner Obrigkeit wandeln zu dürfen, nämlich Einförmigkeit im Recht und rechtschaffen handeln; dagegen weiset sie auch Regenten und Obrigkeiten an, beym steten Andenken des Allerhöchsten, dessen Diener sie sind, und der ihr Richter einst seyn wird, ihr Amt zu erfüllen: sie giebt ihnen deutlich genug zu verstehen, daß sie und ihre Untergebene vor Gott, der kein Anseher der Personen ist, alle gleich sind, und gebeut ihnen, ihre drohende Schärfe zu mildern, in Ansehung, daß Gott ihr und aller Menschen Vater ist. — Wie stark ist dieser Beweggrund! Wie deutlich lehret euch dieses, daß Ungehorsam, Widerspänstigkeit und Untreue, Schändungen der Religion sind. —

Wie? unterweiset sie nicht auch die Regenten, da sie ihnen die nöthige Erinnerung giebt, daß alle ihre Macht von der seinigen abhängig sey; — daß sie die Ehre deßjenigen suchen sollen, der sie als Haupt, über ein Volk gesetzet

setzet hat, — daß sie sich das Wohlergehen der Unterthanen tief am Herzen liegen lassen, und dahin sehen, daß sie ihre Macht nie überschreiten, — und dadurch ihre Unterthanen in die Nothwendigkeit setzen sollen, Gott mehr zu gehorchen als ihnen, welches geschehen würde, wenn sie Handlungen von ihnen verlangten, die ihnen ihre Religion ausdrücklich verbietet? — Seht! dieß sind die Vorschriften, welche die Religion den Regenten, und Unterthanen vorleget, und aus deren sorgfältigen Beobachtung ein unausbleibliches Wohlergehen des Landes entstehet. — Sage man nicht, daß, wenn alles nach dieser Vorschrift gienge, es an den Höfen der Fürsten einfältig aussehen würde. — Ists wohl einfältig, wenn am Hofe eines großen Herrn Gnade und Gerechtigkeit sich paaren? — Wenn im Verhalten Vorsichtigkeit, in Worten und Werken Rechtschaffenheit herrschet? — Wenn schädliche Menschen, — Windbeutel, Schwenkmacher von der Seite geschaffet, und dagegen Frommen und Redlichen der Eintritt gestattet wird? — Wenn Stolz, — Falschheit, — Intriguen, und Verleumdung verscheuchet, und dagegen Treue

be-

behalten wird? — — Es ist mehr zu besorgen, daß die, welche das Gegentheil denken, ihrem eigenen Charakter nicht viel zutrauen, und stark vermuthen, daß sie an einem solchen Hofe so leicht keine Bedienung erhalten möchten. —

Eure Religion ist es, welche diejenigen Laster ernstlich verdammet, wodurch Königreiche und Staaten, Familien sowohl, als einzelne Personen unglücklich gemacht werden. — Die Veränderungen in den Staaten, sagt der tiefsehende Rambach, gehören zwar mit zu den Geschäften und Verhängnissen der göttlichen Vorsehung, man wird aber bey genauer Aufmerksamkeit finden, daß solches nicht von ohngefähr geschehe, sondern daß der Grund dazu in den Lastern der Menschen anzutreffen sey, die, wenn sie herrschend und allgemein werden, oder wenn sie eine gewiße Höhe erstiegen haben, den Untergang eines Landes nach sich ziehen.

Man kann dieses ganz gewiß von der Wollust und Ueppigkeit, von dem Ehrgeiz und Stolz, von dem Geldgeiz und Ungerechtigkeiten behaupten. — Zuförderst ist die Wollust und Ueppigkeit die Quelle, daraus das Verderben

derben, und der gänzliche Untergang eines Landes entstehet; es sey nun, daß die Regenten oder die Unterthanen von dieser Seuche angestecket sind. — Ist ein Regent den Wollüsten und Ueppigkeit ergeben; — setzet er im Genuße derselben seine Freyheit, und Glückseligkeit; ist er dabey, wie es ordentlicher Weise zu gehen pflegt, um das Beste des gemeinen Wesens unbesorgt: in was für einen Zustand wird alsdann das Land versetzt? — Er wird wohl nicht viel besser seyn, als der Zustand des römischen Reichs unter einem Caracalla, Heliogabel und Gallienus war, von welchen heidnische Schriftsteller die Anmerkung machen, daß das Reich durch ihre Wollüsten, und Faulheit in die äußerste Zerrüttung gesetzet worden; daß sie bey ihren Unterthanen verachtet, die Provinzen mit Straßenräubern angefüllet, und daß ein kühner und unternehmender Bösewicht nach dem andern sein Heil versuchet, wie weit er es durch Empörungen bringen könne. — Richten sich nun die Unterthanen nach dem Beyspiel solcher Regenten, so breitet sich das Unheil um so weiter aus, und wird in seinen Folgen desto fürchterlicher. — Die Ueppigkeit

B

ent-

entkräftet ihre Leiber, Muth und Tapferkeit werden ihnen etwas Unbekanntes; auf Verschwendung folget Armuth, und sie sinken zuletzt in den Abgrund der Verzweiflung. — Sind sie einmal an dem Rande eines solchen Schicksals; so ist kein Verbrechen, keine Aufruhr, keine Verrätherey für sie zu gefährlich. — Es entstehen alsdann catilinische Kabalen, mit denen sich diejenigen am ersten vereinigen, die, weil sie keine Empfindung von Ehre und Tugend übrig behalten, ihr Vermögen auf die schandbarste Art verwüstet, und von dem harten Joch der Armuth gedrücket werden, zuletzt entweder alles gewinnen, oder alles verlieren wollen. —

Eben so unglückliche Folgen ziehet der Ehr- und Geldgeiz nach sich; wenn er entweder bey Regenten oder bey Unterthanen, oder bey beyden zugleich herrschet. — Für ehrgeizige Regenten sind die eigenthümlichen Länder zu klein, und die, so andere besitzen, kommen ihnen zu groß für. — Sie machen Entwürfe zu Universalmonarchien, und diese aufzurichten ist nichts zu kostbar, und zu unersetzlich, es muß alles angewendet werden. Die betrübte-

sten

ſten Veränderungen in der Welt, die härteſten Schickſale haben aus dieſer Quelle ihren Urſprung. — — Sehet nur die Zeiten an, da in der römiſchen Republik die Trimphirate errichtet worden. Hat nicht ein Ehrgeiziger dem andern den Hals zu brechen geſucht? — Und iſt dieß nicht alles auf Koſten des Staats und der Bürger, ihres Gutes und Blutes geſchehen? Ihr Ehrgeiz hat den Geldgeiz zur Bedienung gewählet, und dieſer iſt eben ſo unerſättlich geweſen, als jener. Wer kann ohne Entſetzen an die Zeiten eines Marius, Sulla und Tiberius gedenken, in welchen die Unterthanen durch die unnatürlichſten Erpreſſungen erſchöpfet, und in das äußerſte Elend geſtürzet worden; in denen man den Beſitz des zeitlichen Vermögens für ein Verbrechen gehalten; — in denen man durch die verfluchenswürdigſten Ränke ihnen dieſes zu entreißen geſuchet, und damit man es unter einem gewißen Schein thun könnte, den Beſitzern derſelben große Staatsverbrechen aufgebürdet, dabey der Geldgeiz, die Begierde, ihr Vermögen an ſich zu reißen, die Stelle der Kläger, der Zeugen und Richter zugleich vertraten. —

ten. — — Wer die Schriften eines Sallusts, Suetons, Vellejus, Paterkulus, und Tacitus mit Aufmerksamkeit durchlieset, der wird hievon genug Anmerkungen und Erläuterungen finden. —

Nun seht! Eure Religion ist es, die diese Laster verdammet. Sie erkläret nicht nur die Augenlust, Fleischeslust, und die Hoffart überhaupt für Dinge, die wahre Christen nicht lieb haben sollen, weil sie nicht von Gott sind; sondern sie lehret auch, daß der Ausgang derselben Tod und Verdammniß sey. Sie bezeuget, daß der gerechte Gott ohne Ansehung der Person an allem Bösen einen Abscheu habe; sie versichert, daß er den Arm der Stolzen, die ihre Macht mißbrauchen, zerbreche, daß das Geschrey derer, die unterdrücket werden, zu ihm hinaufsteige, und Hilfe erhalte. Sie stellet uns Beyspiele vor, daraus wir ersehen, daß die Erklärungen eines heiligen Gottes nicht leere Worte sind; einen Pharao, der bey allem Stolz und Härtigkeit endlich den Finger eines rächenden Gottes an sich erkennen muß; einen Nabuchodonosor, der Ehre der Oberherrschaft Gottes über die Throne der Erde das

Zeug-

Zeugniß ablegen muß, daß er den, der stolz ist, demüthigen könne; einen wollüstigen Herodes, der andern zum Beyspiele bey lebendem Leibe verfaulen, und sein eigenes Aas mit Abscheu sehen muß. — So deutlich, so stark hat Gott wider die Laster gezeuget, die ein Land verwüsten, sie mögen sich nun in der Person der Regenten oder der Unterthanen finden. —

Eure Religion ist es endlich, die im Gegentheil die Quelle einer allgemeinen Glückseligkeit, und Wohlfart eines Landes ist. — Denn diese eure Religion verbindet die Regenten die Unterthanen in der Furcht des Herrn zu regieren. Eine Obrigkeit, die nach diesem Grundsatze regieret, vermehrt ihr eigenes Ansehen unter ihren Unterthanen. — Eben solche gesegnete Wirkungen offenbaren sich auch, wenn die Unterthanen von dieser Religion wahrhaft eingenommen sind. — Sie verdanken es dem Christenthume, sagt der preiswürdigste Bischof zu Bamberg und Wirzburg Franz Ludwig in seinem Hirtenbrief vom Jahre 1793. daß es Despotie und blinde Willkühr von den Thronen verbannet hat; — dagegen halten sie es auch für Pflicht, die Sorgenlast, die auf den

Re=

Regenten ruht, durch ihre bereitwillige Unterwerfung zu erleichtern. — — Ueberzeugt, daß Gesetze nicht immer nach dem Gefallen und Wunsch eines jeden Einzelnen gemacht werden können, unterwerfen sie sich, wenn es ihnen auch etwas beschwerlich ist, und opfern gerne ihren Privatnutzen dem gemeinen Wohl auf. — Sie reichen ohne Murren und Arglist ihre Abgaben, und leisten ihre persönlichen Dienste, weil sie dagegen die Wohlthat des Schutzes und der öffentlichen Sicherheit genießen. — Auch niedern Obrigkeiten erweisen sie Ehre und Gehorsam, und sollten sie auch je in ihren Rechten gekränkt werden, so bedienen sie sich zwar des Mittels, welches ihnen die Religion nicht versagt, und christliche Regenten nicht versagen werden, namlich der Berufung zu einem höhern Richter; nie aber wagen sie es, sich ihr Recht selbst zu verschaffen. Und wenn denn der Geist der Unruhe doch zuweilen weht, gleichwie es wirklich bey diesen Zeiten geschieht, so hüten sie nicht nur allein sich, um nicht davon angesteckt zu werden, sondern sie bemühen sich auch, die Seuche von andern abzuwenden. — Fallen ihnen Schriften in die Hände, die

den

den Aufruhr begünstigen, so sind sie weit entfernt, sie in Umlauf zu bringen, sie unterdrücken selbe vielmehr, ja sie suchen sie bey andern aus den Händen zu winden. — Kennen sie Unzufriedene, so spüren sie der Quelle ihrer Unzufriedenheit nach, geben sich Mühe sie zu beruhigen, schlagen ihnen Mittel vor, wie sie ihr Schicksal verbessern, zeigen ihnen die rechtmäßigen Wege an, wie sie die Hindernisse ihrer Absicht beseitigen, und zu ihrem Zwecke gelangen können. — Hören sie verwegene Reden fallen, die auf Verschwörung und Nachahmung eines unglücklichen, verblendeten Volks deuten, so zeigen sie nicht nur ihr sichtbares Mißfallen, sondern fallen den Unverständigen in die Rede, weisen sie zurecht, und zeigen ihnen das zahlreiche Heer von Uebeln, welches Empörung allemal nach sich zieht. Hören sie Klagen führen über schlimme Zeiten, und über Mangel, so bejahen sie zwar, was zu bejahen ist, lenken aber auch unvermerkt das Gespräch auf die gute Seiten ein, von denen sich das gegenwärtige Zeitalter äußert, auf die mannichfachen guten Anstalten, die zum gemeinen Wohl gemacht werden, auf die Vorzüge, welche die vaterländische Gegend vor andern zum voraus hat, damit ihre Aufmerksamkeit nicht immer nur an die Summe des Uebels gefesselt, stürmische Unzufriedenheit hervorbringe. — Ist von Obrigkeiten die Rede, so sprechen sie mit Achtung, und sollte es auch tadelnswürdige unter ihnen geben, — doch wenigstens mit Schonung von ihnen. — Ueberhaupt nehmen sie sich in Acht, rasche Urtheile von ihnen zu fällen, oder andern nachzusagen, weil diese doch bey näherer Untersuchung meistens in ihrem Ungrunde erscheinen. Und wenn doch endlich Gebrechen im Staate noch zurückbleiben, so besinnen sie sich, daß sie auf der Erde wohnen, und Unvollkommenheiten nie ganz, am wenigsten durch den Sturm der Empörung, der alles unter und über sich kehrt, gehoben werden können. —

Zu diesem allem schreibt eure Religion Pflichten gegen den Nächsten vor, und verbiethet alles, wodurch Friede und Eintracht könnte gestöret werden; sie rufet einem Jeden zu: „Du sollst nicht ehebrechen, — nicht tödten, — nicht stehlen, — nicht falsche Zeugenschaft geben; — du sollst gar kein Verlangen tragen,

weder

weder nach dem Weibe, noch nach den Gütern deines Nächsten; du sollst Niemanden verläumden, Niemanden unterdrücken, die Unbilden vergeben, die Feinde lieben, keine Rache fodern. — Kinder, sagt sie uns, gehorchet euren Eltern in dem Herrn; und ihr Väter! reizet eure Kinder nicht zum Zorne. — Ihr Diener! leistet euren Herren Gehorsam; und ihr Herren! beobachtet ein Gleiches gegen jene: seyd nicht hart mit ihnen, sondern wisset, daß ihr und euer Herr im Himmel ist.„ Seht! dieß ist eure Religion, das goldene, kostbare Band, welches Friede und Eintracht erhaltet, Glück und Wohlfart der Gesellschaft befördert, Ordnung und Dauer des Staatskörpers festsetzet; — das Band, von welchem Geschichte und Thatsachen zeugen, für welches Verjährung, Reihe der Jahrhunderte, und eine Wolke verdachtlosester Zeugen Bürge stehen. —

Nun dieses Band, durch welches Staat und bürgerliche Glückseligkeit so enge sich vereinbaren, gänzlich zu zertrümmern, setzen die neufränkische Barbaren, Religionsfeinde, und Umstürzer aller Staaten und Thronen alles Mögliche in Bewegung. — Zu die=

sem Ende haben sie schon vor mehrern Jahren eine sogenannte Propaganda errichtet, in welcher sie die verschmiztesten und boshaftesten Subjekte bildeten, und demnach fast in alle Welttheile ausschickten, um ihre teuflischen Grundsätze unter der Larve einer dem Menschengeschlechte höchstglücklichen Aufklärung zu verbreiten. Sie bothen allen nur erdenklichen Kunstgriffen, der Wohlredenheit, der Dichtkunst, der Geschichtskunde, der Romane, der Satyre, der vergötterten Philosophie auf; man verlegte sich auf Trugschlüsse, auf falsche Zeitrechnung, auf ungegründete Anekdoten, auf handgreifliche Lügen und Textestimmlungen; man stoppelte ganze Wörterbücher zusammen, um Alte zu täuschen, Junge zu verführen, — die ganze Menschenklasse zu zernichten. —

Ihr sehet auch, daß eine nicht geringe Anzahl fast aus allen Ständen sich mit dieser niedrige Menschenklasse vereiniget habe: junge Stutzer, wollüstige Buben und Mädchen, raubgierige Schwärmer und Trunkenbolde, herrschsüchtige Staatsbediente, erkaufte, gemiethete Professoren, — unzufriedene, und ihres Stan-

Standes überdrüßige Mönche, *) und Geistliche. Kurz Leute ohne Einsicht, von denen man das sagen kann, was der uralte Tertullian von den Heiden beym Anfange des Christenthumes sagte; sie verwerfen, was sie nicht verstehen; sie tadeln, was sie nicht untersucht haben;

---

*) Hier muß ich ganz kurz einen Einwurf beantworten, den neulich ein gewißer N. mit diesen Worten in das Publikum hinaus schrieb: „Die Desertion der Mönche giebt sonnenklar zu verstehen, wie hagenstolz und despotisch die Obern in den Klöstern sich betragen; da mehrere Glieder derselben nach Frankreich profiliren.‟ Dieser Herr hätte meines Erachtens unmaßgeblich doch auch ein Bißgen den Lebenswandel solcher Flüchtlinge untersuchen, und mit demselben das Verhalten ihrer Obern abmessen sollen. — — Oder was für einen guten Lebenswandel kann man sich wohl von jenen versprechen, die nach Ablegung ihrer Kutte — den ersten Schritt nach Frankreich — machen? — Kann man wohl einen einzigen aufweisen, der, bevor er nach Babylon geflüchtet, seinen Beruf geschätzet, den Statuten nachgelebet, seine Gelübde beobachtet, das Ziel und End seines Daseyns wohl überlegt hat? — Sind es nicht vielmehr solche, die, nachdem sie durch ihr rappelköpfisches und unerträgliches Wesen, — durch ihre Ausschweifungen und ärgerliche Sitten der ganzen Gemeinde überläßig gewesen, die Güte, und gerechte Schärfe der Obern gelähmet; —

end=

haben; sie lästern, was sie nicht wissen, und sie wissen es nicht, weil es sie zu viele Mühe kosten würde, es zu untersuchen. — Und solche theils von Stolz und Leidenschaften, theils von Unsinn berauschte Menschen sollen sich nicht entfärben, Tugend und Religion liebende Menschen in die Reihe kurzsichtiger Dummköpfe zu stellen, — und euch eines Bessern zu belehren, mit bessern Grundsätzen der Religion und des Christenthumes aufzuklären, — den alten Schlendrian zu enthüllen, und mit einer nagelneuen Lehre zu versehen? — Und mit was für einer Lehre? — Höret — und staunet!! — Nach ihren Grundsätzen giebt es weder einen freyen Willen, noch eine Vorsehung; weder ein geistiges, noch ein unsterbliches Wesen; weder eine Zukunft, noch eine Ewigkeit. Die Welt ist weiter nichts, als

---

endlich das Joch von ihnen abschütteln, und weiß nicht wohin fliehen? Wer sich hierüber nicht überzeugen kann, der gehe in eine oder die andere dergleichen Gemeinden, — lasse sein unpartheyisches Aug spekuliren, und er wird in kurzer Zeit aufrufen: O Schade für so manche rechtschaffene Männer! Wenn doch nur jene, — denen die Kutte zu schwer ist, und ein so löbliches Collegium in bösen Verdacht setzen, niemals — — — —

als ein Werk des Zufalls, und ein Spielball des Ohngefährs. — Die Gottheit ist eine Chimäre, die nur im Gehirne schwacher Menschen existirt. Die menschliche Gesellschaft ist eine Versammlung feiger Seelen, die sich vor Priestern beugen, von denen sie betrogen; vor Fürsten, von denen sie unterdrücket; vor Bannstralen, von denen sie, wie schwache Kinder erschrecket werden. Die Kirche ist eine von einem sogenannten — und dazu blödsinnigen Jesus gestiftete Aergernißversammlung. — Die Vorsteher der Nationen sind unrechtmäßige Gewaltträger, die die Völker ihren Leidenschaften opfern; die sich nur darum Väter der Völker nennen lassen, um ihren unersättlichen Despotismus desto sicherer ausüben zu können. Kein Fürst, kein Regent habe das Recht, andern zu befehlen; jedermann könne thun, was er will, wenn es nur Niemand sieht; jedermann könne rauben, stehlen, mordbrennen, und beutelschneiden, wenn es nur Niemand sieht; der Sohn könne seinen Vater, die Tochter ihre Mutter, der Bruder seine Schwester, und jeder Nachbar seinen Nachbar metzeln, wenn es nur Niemand sieht; — jedermann könne

könne die Unschuld verführen; Jungfrauen schänden, Ehebette beflecken, Haus und Hof mit Feuer und Schwert verheeren, wenn es nur Niemand sieht. — —

Urtheilet nun selbst, deutsche Brüder! ob ihr von solchen Leuten, ich will nicht sagen eine bessere Religion, sondern auch nur eine zeitliche Glückseligkeit hoffen könnet? — Denn es ist eine ausgemachte Sache, daß aus zusammengerotteten Gottesläugnern kein ordentlicher Staat, und kein wohl eingerichtetes dauerhaftes Wesen errichtet werden kann. *)

Wenn

---

*) Der philosophische Hofmann Cineas, der den Pyrrhus in Italien begleitet hatte, machte eines Tags in Gegenwart des Fabricius viel Wesens mit den Lehrsätzen einer Sekte, welche keine Vorsicht annahm, und setzte das höchste Gut in der Wollust. Der weise Römer sah in einem Augenblicke die Folgen einer für ihn neuen Lehre ein, und bath die Götter, den Feinden von Rom jederzeit solche Gesinnungen einzugeben. — Diese alle Gesellschaft verwüstende Lehre hat sich im Griechenlande ausgebreitet; und mit ihr den Geist der Irreligion. Polybius ein Geschichtschreiber, der wohl vor allen andern die geschehenen Begebenheiten am besten beurtheilet, und die Zukünftigen vorgesehen hat, schreibt dieser Ursache die entsetzliche Sittenverderbniß zu, die sein Vaterland

Wenn ihr hievon Beweise sehen wollet, so sehet hin in das unglückselige Land der Neufranken, betretet die traurige Schaubühne eines gänzlich zerrütteten Reichs; staunet die erste Szene an, welche eure vorgeblichen Beglücker dort aufgeführt haben. — Aufgedeckt in ihrer ganzen Schande sieht man nun die Grundsätze dieser französischen Staatsumwälzer; anfänglich sprachen sie nur, daß sie gekommen seyn, Menschen zu beglücken; das betäubte Volk ließ sich bethören, und hüpfte singend und jubelnd den gelegten Schlingen entgegen; unter der

Decke

land angesteckt hat: und jene gänzliche Erlöschung der Tugend, auf welche dessen geschwinder Fall gefolget ist; und endlich diese schändliche Herabsetzung und Verachtung, worum es seit zweytausend Jahren seufzet. — Gar bald ist die Seuche in Rom eingedrungen. Hören wir hierüber den Montesquieu selbst Confid. fur les C. de la Gr. ch. 10. „Ich glaube, sagt er, daß die Sekte des Epikurs, die nach Rom um das Jahr der Republik gekommen ist, viel beygetragen habe, den Geist und das Herz der Römer zu verderben." Der Verfasser des Dictionaire Philofophique (Voltaire Art. Athée) sagt: „Die Epikurder glaubten, daß die Gottheit sich um die Händel der Menschen nichts annehmen könne: im Grunde aber nahmen sie gar keine Gottheit an; — — sie hatten folglich kein andres

Decke der Volksbeglückung, — unter dem
Vorwande der Religion und Gesetzverbesserung
lauerte der Abschaum der Menschheit. — Und
welch gräßliche Auftritte zeigten sich nicht bald
hernach! — Thörichter Weise befangen von
ihrem vorgeblichen Vorzuge über die verflosse=
nen Jahrhunderte haben sie alles das herabge=
würdiget, was durch langwierige Hochachtung
geheiligt war, haben erhoben, was zu allen
Zeiten

---

res Joch, als der Sittenlehre und der Ehre.
Die Senatoren und römischen Ritter sind Athei=
sten gewesen; denn die Götter waren nicht für
Leute, die von ihnen nichts gefürchtet noch ge=
hoft haben. Der Senat zu Rom war mithin
in der That eine Versammlung der Atheisten
in den Zeiten des Cäsars und Ciceroms." Er
setzt hinzu: „Der Senat zu Rom bestund
fast ganz aus Atheisten sowohl in den Gesin=
nungen als in den Wirkungen, das ist, sie
glaubten weder an eine Vorsicht, noch an ein
künftiges Leben; dieser Senat war eine Ver=
sammlung der Philosophen, der Wollüstlin=
ge und Ehrsüchtigen, die alle sehr gefährlich
sind, und die die Republik zu Grunde gerich=
tet haben." Hier sieht man, setzt der Reli=
gionsjournalist bey, wie dieser angeführte Held
der Freygeister von den atheistischen Philoso=
phen eingestehet, die weder an eine Vorsicht,
weder an ein künftiges Leben glauben, und
die kein anderes Joch als die Moral und Eh=
re haben: sie kehren die Reiche unter und über
sich. — —

Zeiten geringschätzig, verachtet gewesen war; die heiligsten Pflichten, die ehrwürdigsten Dogmen haben sie Vorurtheile gescholten. — Philosophie war bey ihnen jede Abweichung der Vernunft; die grundlose Verderbung, die ihnen eigen ist, und die wirklich weit über jene der sittenlosesten Jahrhunderte hinausgeht, haben sie als Wirkung ihres verbreiteten Lichts dargestellt, und im Taumel ihrer Eitelkeit, wie das stolze Babylon gesagt: „Ich bins, und sonst keins! *)"

Seht nun ein ganzes Königreich, ein Land von fünf und zwanzig Millionen Menschen unter dem Namen einer bessern Religion, und der Volksbeglückung in der schändlichsten Sklaverey aller Laster, aller der ausgelassensten Leidenschaften, und einer beyspiellosen Anarchie seufzen! — Seht! wie in diesem Lande die heilige Religion, zu welcher wir uns bekennen, mit Füßen getreten wird! — wie man die Altäre entweihet, ihre ächten Diener ausraubt, mißhandelt, sie sogar bis in ihre

---

*) Man lese hierüber die Rede: „Das Priesterthum ein Gegenstand der Verehrung, und nicht der Verachtung ꝛc."

im Ausland aufgesuchte Freystätten verfolgt, und mit Leuten ersetzt, die sich eingedrungen haben, und nicht in die kirchliche Hierarchie canonisch aufgenommen sind; wie man sogar soweit gegangen, dem Hirten des Volks die auszeichnende Kleidung, die sie ihren Schaafen kenntlich machen sollte, auszuziehen!! — Seht!, ruft die Proklamation der königl. ungarischen Statthalterschaft in den Niederlanden — auf: Seht! wie man die Tempel zerstört, die abergläubischen Gebräuche und die ruchlose Sprache des Heidenthums wieder auferweckt; die Ehescheidungen und Ehebrüche einführt, allen Irrthümern geneigt ist, da die Wahrheit allein verfolgt wird! — Seht! wie man in einem unsinnigen Gesetzbuche Rechte bis in den Himmel erhoben hat, deren der Mensch in der bürgerlichen Gesellschaft nicht genießen kann, und worauf er um seiner Wohlfarth willen stillschweigend Verzicht thut, indem er in einer civilisirten gesellschaftlichen Verbindung gebohren wird, daß man sich nicht gescheuet hat, mit jenen ausgebrüteten Rechten wahre Gerechtsame zu vernichten, umzustürzen, und zu Boden zu schlagen. — Gerechtſame, die unter dem Schutz der Grundgeſetze des Reichs von Generation zu Generation den ehrwürdigſten Ständen angeerbt wurden,— jenen Ständen, welchen der geſellſchaftliche Verband in Frankreich in jeder Rückſicht die größten Verbindlichkeiten ſchuldig war; daß man an die Stelle des Eigenthums den leeren Schall dieſes Worts geſetzt hat, da man ungeachtet des von der Zeit, von den Geſetzen, von einem ſteten, hundertmal erneuerten, und durch die wahren Repräſentanten der Nation anerkannten Beſitzſtandes den aufs feyerlichſte inveſtirten Eigenthümern das Ihrige entriſſen hat; und dieß alles unter den betrügeriſchen Farben einer chimäriſchen Gleichheit von Rechten, die im Grunde nichts iſt. Seht! wie ſie die der Religion des Staates, und den bis jetzt durch das Fundamentalgeſetz des Königreichs geheiligten Prärogativen anhängige Bürger mit ſtrenger Verfolgung aus dem Schooße Frankreichs vertrieben haben, — wie ſie dieſelben noch auf der ganzen Erde der ſüßen Gaſtfreyheit, welche ſich doch Menſchen gegeneinander ſchuldig ſind, berauben wollen. — —Seht! wie ſie in alle Reiche und Provinzen die allerſchädlich-

ſten

sten Schriften gegen die Religion, und gegen das constitutionelle Ansehen des Souverains ausgestreut, — Schriften, — welche die Bekanntmachung der in authorisirten Societäten gehaltenen Reden enthielten, in welchen man mehr als einmal die gottlosesten Schandthaten zu Tugenden erhob, um den höchststräflichen Leidenschaften derjenigen zu schmeicheln, welche man an ein System zu knüpfen suchte, das in der Geschichte dieses Jahrhunderts ein Schandfleck bleiben wird. — Seht! diese Gesetzgeber der Ruchlosigkeit, die nur eine Regierung, wo das Laster ungestraft bliebe, einzuführen sich bestreben, haben nichts Beständiges in ihrem Thun, nichts Gewißes in ihren Aussichten, als nur die allgemeine Verwirrung, die Unterdrückung der Tugend, und den Umsturz der Religion. — Sie sind wie ein tobendes Meer, das nichts zu stillen vermag, dessen sich widereinander zerscheiternde Fluten stinkenden Koth und unreinen Schaum auswerfen. — Seht allenthalben die Blutbühnen für die Frömmigkeit, die Ehre und die Unschuld aufgerichtet. Ein bloßer Verdacht wird ein Todesurtheil; hier fließen Blutströhme von Tausenden,

bloß

bloß weil sie Religion haben, und noch ehrlich denken; — dort reißt man unbarmherzig die Gattinnen aus den Armen ihrer Gatten, raffet ihnen das Herz aus dem Leibe, und trägt es an einer blutigen Lanze durch die Gassen; — hier werden schwangern Frauen die Bäuche aufgeschnitten, und zu Pferd = und Schweintröge gemodelt; — dort werden Kinder von dem Schooße ihrer Mütter genommen, und vor ihren eigenen Augen in hundert Stücke zerhauen; — — hier werden Handwerksleute von ihrer nützlichen Arbeit, der Landmann von dem Feldbau weggerafft, und eine unvermeidliche, gräuliche Dürftigkeit wird für die unglückseligen Ueberbleibsel der täglichen Verbannungen, und ihrer blutigen Niederlagen bereitet. — Dort wird in öffentlichen Angelegenheiten und Berathungen auf jedes schmutzige Privatinteresse Rücksicht genommen, jeder sucht auf Kosten des Vaterlandes fett zu werden, und auf den Ruinen der öffentlichen Wohlfarth sein Glück aufzubauen; hier haben Neid, Stolz, Mißgunst, Familienhaß, Eigennutz, und Ehrgeiz den mächtigsten Einfluß in die öffentlichen Angelegenheiten; dort unseliges

Ue=

Uebergewicht in dem Gange politischer Geschäfte, durch die der gerade Lauf der Gerechtigkeit gehemmet, — die Händel verschoben, — nach Willkühr gewieget, — geschnitzelt, und nach dem Wunsch des Begünstigten gemodelt werden; daß deßwegen Gesetze und Landrechte mißbrauchet, — verdrehet, und in tausend Gestalten eingekleidet werden; — daß darum das Rühmliche, das Gute, das Nützliche, das zum allgemeinen Besten des Landes wahrhaft Zuträgliche nie soll erreicht, befördert, und erzielet werden; — daß deßwegen öffentliche Aemter und Verwaltungen in die Hände des Unwürdigen, des Unfähigen niedergelegt, dem Vaterlande so viele Schande und Schaden zeigen, — die Güter der Wittwen und Waisen ein elender Raub feiler, hungriger, sorg=und gewissenloser Vögte werden sollen. — Dort sehen wir unwürdige Vorsteher, — träge unfähige, eingedrungene, faule und angesteckte Obrigkeitsglieder; hier auf den geheiligten Richterstühlen leichtsinnige, freye unberufene, furchtsame oder bestochene Richter, an denen das Laster Vertheidiger, — die Strafbare Vorsprecher, Muthwillen, Frevel, und Be=
trü=

trügerey Beschützer, — freche, boßhafte Zügellosigkeit Anhänger finden. — — Seht! und staunet! Frankreich — von einer und zwar der besten Religion, ein Reich von einerley Gesetzen, von einer Zunge, — an Fruchtbarkeit unerschöpflich, an Volksmenge beynahe unzählbar, an Anlage der Bewohner zu Künsten, und Handlung keiner Nation nachzusetzen: Welche Vortheile eines Reichs! Frankreich der Riese Europens liegt zu Boden durch Niemanden, als sich selbsten zerstörbar. Theile, die kurz vorher vereint, jedem Ehrfurcht, und Schauer abpreßten: Trümmer, die von einer da gewesenen großen Monarchie noch zeugen, liegen jetzt ohne Namen — zwecklos und ohne Verbindung da. — Kein Zwang, sondern vollkommene Abschüttelung einer geoffenbarten Religion, — kein Haupt, — keine gesetzgebende Macht, — keine Versicherung des Eigenthums, — keine Rücksicht auf Stand, Würde und Pflicht, — keine Sittlich- und Menschlichkeit ist jetzt der Wahlspruch der Nation: alle müßen so denken, — und handeln, weil alle ohne Religion, — alle ohne Tugend, — alle voll Laster, und Missethaten seyn sollen. —

Wer

Wer nun, deutsche Brüder! Wer unter euch ist nach allem diesem noch im Stande, so blind und unbesonnen zu seyn, daß er das mindeste Vertrauen den hinterlistigen Versprechungen und Zusicherungen, die diese Tyrannen jenen machen, die sie zu unterjochen suchen, schenken und glauben könnte, sie würden ihm eine bessere Religion geben, sie, die eine sinnlose Philosophie dem Evangelium, die Stimme von Lügenaposteln der Stimme der Diener Gottes und seiner Verehrung vorgezogen haben? — Die nach dem Willkühr ihrer regellosen Neigungen umherirren, — ihre entweihenden Hände an die heilige Kirche legen, eine unbefugte und entheiligende Gewalt am Hochaltar ausüben, den Werth ihrer Religionsverbesserungen durch Abfall und Gottesläugnung beweisen, und ihre erhabenen Grundsätze von Freyheit, Gleichheit und Wohlthätigkeit, durch allgemeine und individuelle Plünderung ihres Vaterlandes, durch eine Unterjochung und durch Grausamkeiten, wovon die Geschichte kein Beyspiel aufweisen kann, und deren bloße Erzählung auch die ungebildetsten Nationen mit Unwillen und Abscheu erfüllt,

zei-

zeigen. Wer, sage ich, ist unter euch, der noch den thörichten Wunsch äußern, und nicht vielmehr aufrufen soll — „Weit sey von uns die Religion der Neufranken?" — Brüder, verlegt die Grenzsteine nicht, die eure Väter gesetzt haben! —

§. II.

Was könnet ihr wohl Bessers hoffen? — Etwa Gleichheit? —

Der einzige, und wichtigste Punkt, sagt der Verfasser der Schrift: „Einige Worte eines Deutschen über die Proklamation aus den österreichischen Niederlanden." 1792. um welchen die französische Anarchie, und nun auch Frankreichs Elend und Greuelthaten sich drehen, ist das übelverstandene und mißbrauchte Wort Gleichheit, — das Losungswort jeder Büberey, und Schandthat, die nimmer erröthen, und nimmer Strafe dulden mag. — Zudem, da Frankreichs Zerstörer mit eigenen Ruinen nicht zufrieden sind, suchen sie mit aller Tücke der boshaftesten Schadenfreude, an fremden Thronen umher zu schleichen, ihre Grundfesten zu untergraben, und das Volk, sie finden es nun nahe oder ferne beym Throne, durch irrige Grundsätze, durch Schattenbilder geschmeichelter Leidenschaften erst zu gewinnen, und dann, ihren bösen Absichten gemäß, dahin zu verleiten zu suchen, daß es selbst mit die Hand anlege, die Säulen des Staates zu erschüttern, und darunter ihren ganzen Wohlstand zu vergraben. — In jeder Gestalt, — unter jeder Maske, — in jedes Land verbreiten sich diese Unholden, um für ihr neues System in jeder Provinz auch der auswärtigen Länder Proselyten zu werben, — durch deren Mund und Hände sie sich bemühen den Gift ihrer Staatenmischerey zu vertheilen. — Wo sie nur immer einen Staat noch glücklich, ein Ländchen ruhig, und eine Familie vergnügt wissen; dorthin zielt ihre Bosheit, dorthin dringt ihr Zettergeschrey nach Gleichheit, dorthin reicht ihr Wunsch und auch ihr Wille, den glücklichen Staat, das ruhige Ländchen, und die vergnügte Familie so unglücklich, und so elend

zu

zu machen, als sie selbst durch ihr eigenes Mitwirken geworden sind, und je länger je mehr noch seyn werden. — —

Jeder Staat, und jede Nation, der daran gelegen ist, Ruhe im Ganzen, und in jedem Bürger, und jedes Bürgers Wohl und Glückseligkeit zu erhalten, hat gewiß nach allen Kräften dafür gesorgt, die bösen Grundsätze der eingebildeten Gleichheit aus ihrem Mittel zu entfernen, und das Land gegen alle Verbreitungen des ehrlosen Staatensystemes zu sichern. — Und ihr, deutsche Brüder! wie? ihr sollet nicht eure Stärke anwenden, den Willen nicht haben, euch gegen eine so pestartige Luft, — gegen einen höchst verderblichen Anhauch der umfressenden Seuche zu verwahren? — Ihr sollet hoffen, was ihr doch niemals erlangen könnet? — Gleichheit? — Die doch mit der Natur eurer eigenen Existenz streitet? die bey gegenwärtiger Vorsehung allerdings unmöglich ist? Wie? ihr zweifelt noch? Höret mich, ich rede mit euch die Sprache des Aufrichtigen. —

Allgemeine Gleichheit, sie mag entweder physisch oder moralisch betrachtet werden, kann

bey

bey gegenwärtiger Vorsehung unmöglich Stand haben; — denn Ungleichheit der Menschen ist eine nothwendige, und nützliche Folge eures Daseyns. —

Betrachten wir die Geburt der Menschen, — die Verschiedenheit der Eltern, aus denen sie erzeuget werden, die mannigfaltige Auferziehung, in der sie aufwachsen; entstehet nicht schon eine Ungleichheit unter denselben? Sind sie nicht ungleich im Nervenbau, ungleich an Anlagen, an Fähigkeiten, an Kenntnissen, an Einsichten? — Versuchen wir es einmal, besäen wir ein Stück Erdreiches mit Obstkörnern: — was werden wir finden? — Werden wohl alle Stämmchen gleich seyn? Nein; einer wird stärker, der andere schwächer seyn; einer wird schneller als der andere wachsen; einer wird gesund, der andere krippelhaft seyn. — —

Wenn nun unter den Bäumen, die doch auf einerley Boden wachsen, eine solche Ungleichheit anzutreffen ist, wie verschieden müssen nicht die Menschen seyn, die von verschiedenen Eltern erzeuget, gebohren, und ungleich behandelt werden? — Daher finden wir auch

ver=

verschiedene Charakter, — natürliche Grundlagen, und sehr merkbaren Unterschied unter den Menschen. — Einer ist stark, der andere schwach; dieser bekommt harte, jener weiche Nahrungsmittel; dieser wird also stark, jener verzärtelt; dieser gesund, der andere kränklich; dieser hat Gelegenheit alles zu erlernen, was er nur wünscht; der andere wächst ohne allen Unterricht auf; daher einer klug, der andere einfältig. — Oder wie? durchgehet alle Reiche; gehet durch alle Klassen der Menschen; ihr werdet sehen, daß dieser beflissen, jener nachläßig, dieser achtsam, jener sorgenlos, dieser flink, jener langsam; dieser gelehrt, der andere dumm. — Dieser ist in Ausführung der Geschäfte geschickt, und thätig; jener hingegen braucht weder Fleiß, noch eine Gelegenheit sich Ruhm, Ansehen, und Reichthümer zu verschaffen. — Dieser sieht es ein, wie der Feldbau, jener wie das Gewerb zu ordnen ist, diese taugen zum Ueberlegen, jene zum Wirken. — —

Wenn nun diese an Anzahl sowohl als Fähigkeiten, und ungleichen Kenntnissen verschiedene Menschen untereinander arbeiten, was

kön=

könnten sie wohl anders herfürbringen, als ungleiche und verschiedene Früchten? — — — Wer mehr Kräften hat, der wird selbe anstrengen, um größere Vortheile vor dem Schwächern davon zu tragen: welche mehr Einsichten in ihren Geschäften besitzen, mehr Fleiß anwenden, um ihre Kenntniße zu erweitern, keine Mühe sparen, — ja sogar die Nachtstunden benützen, um ihre Sache zu bearbeiten, werden glücklich — auch gegen den Strom — zu ihrem Endzwecke gelangen, da indessen mittelmäßige Köpfe zurückbleiben, und erliegen. *) —

Nun

---

*) Hier machen Einige einen allzufrühen Einwurf, da sie sagen: „Wir wissen, ja wir sehen es; daß mehrmals auch nur mittelmäßige Köpfe — zu manchen Aemtern befördert werden — die ihnen doch gar nicht angemessen sind — und so sehen wir, daß diese eben den Endzweck erreichen, nach dem auch größere Genie trachten.“ Allein zu dem, daß dieser Einwurf kein Beweis für die Gleichheit ist, — so hängt ja die Beförderung auch nur mittelmäßiger Köpfe bloß von dem Gutdünken, oder Eingenommenheit der Prinzipalen für diese — oder jene Person ab; wo also ein Prinzipal ist, da kann ja auch keine Gleichheit seyn.

Nun aus Ungleichheit der Kräften, der Einsichten in die Geschäfte, aus verschiedenem Bemühen, durch das jeder seinen Zweck erreichen will, was kann wohl anders entstehen, als Ungleichheit der Stände? — — Es giebt also Gelehrte, die andere unterrichten, und Ungelehrte, welche den Unterricht empfangen; — Reiche, die durch Industrie, durch kluge Einsichten in das häußliche Wesen sich Güter sammeln, und selbe vermehren, und Arme, die wenig besitzen, die entweder von der gesparsamen Natur ihrer Eltern dazu gebohren werden, oder durch ihr zügelloses Leben, — durch Verschwendung, — durch Müssiggang, — durch Unachtsamkeit das vernachläßigen, was sie von ihren Eltern ererbet, oder sonst durch bloße Glücksfälle gesammelt haben. — Und so sehen wir, daß Menschen einander ungleich sind; — ungleich, weil sie Menschen sind. — Durchblättert die alte Geschichte, und ihr werdet finden, daß Abel und Kain, Jakob und Esau, Joseph und seine Brüder — alle ungleich waren. — Abel hatte den Vorzug vor dem Kain, — Jakob vor dem Esau, — Joseph vor seinen Brüdern. — —

Wo

Wo ist nun die eingebildete Gleichheit, — mit der man heut zu Tag so starkes Aufheben macht? — Wenn die Verschiedenheit der Karaktere, die Menge der Leidenschaften, der Reitz der Tugenden und der Laster von Anbeginn der Welt bis auf unsere Zeiten so verschiedene Menschen gemacht, wenn sich diese Verschiedenheit von der Urquelle der menschlichen Natur selbst herleitet, werdet ihr wohl durch falsche Vorspiegelung, durch ausgesonnene Phantasterey einer Gleichheit in gleiche Menschen umgemodelt werden? — Fürwahr, wer sich etwas solches einbildet, dem ist der Idealgang von der menschlichen Natur und dessen Leidenschaften gänzlich schlaff geworden. — —

Wir geben gerne zu, saget ihr, daß keine physische und moralische Gleichheit unter den Menschen existire; — doch ist Gleichheit des Vermögens, der Reichthümer nicht nur möglich, sondern auch jeder hat das Recht von dem Vermögen des andern zu nehmen, bis er ihm gleich gekommen. — Allein wenn wir hier im Allgemeinen reden, so ist diese Behauptung aus dem Vorgesagten schon falsch. Denn aus dem verschiedenen Karakter, Leidenschaften, Hang,

Industrie, und Nachläßigkeit verschiedener Menschen — ist's schon nicht mehr möglich, daß eine Gleichheit des Vermögens und der Reichthümer Statt finde. — Doch wir wollen diese Gleichheit zwischen zwoen individuellen Personen prüfen. — Wie lange, meynt ihr, mag diese Gleichheit dauern? — Etwa ein Jahr? — einen Monat? — Nicht eine Woche, — und vielleicht nicht einen Tag. — Setzen wir nun zween Söhne, die gleiches Erbe von ihrem dahinsterbenden Vater empfangen. — In diesem nämlichen Augenblicke sind zwar beyde gleich; doch einer davon ist verschwenderisch, — der andere sparsam; einer ist dem Spielen ergeben, und verzehret beträchtliche Summen, der andere hingegen vermeidet die Gesellschaften, ist häußlich; einer ist in eine Person verliebt, die zwar schön, sittsam, doch von geringer Herkunft, und also von noch geringerem Vermögen ist; der andere hingegen ist auf die Gestalt gleichgültig, — auf das Geld aber eigennützig; — ich frage nun: werden wohl beyde gleiches Vermögen mit in den Ehestand bringen? Ich finde hier keinen Beweis. — Daß aber der Verschwen-

D der

der das Recht besitze, den Reichen so lange zu berauben, bis er dem Räuber gleich sey, ist eine Moral, die ich bey jenen, die nach Gleichheit ächzen, niemals gesuchet hätte. —

Doch setzen wir den Fall, daß beyde Söhne, und ihre Gattinnen gleiches Vermögen an dem Tage ihrer Vermählung besitzen; kann wohl diese Gleichheit in die Länge bestehen? Werden wohl die Karaktere und Leidenschaften dieser Ehepaare gleich ausgetheilet seyn? — Wer will den Zufällen dem Tausend nach, dem Eigensinn des Unglückes, welche der Gleichheit gar bald ein Ende machen, genug Widerstand thun? — — Lassen wir aber dieß gelten; lassen wir zu, daß die Gleichheit des Vermögens auf eine Zeit sich halten könne. Werden wohl diese Ehepaare gleiche Anzahl der Kinder haben? Setzen wir den Fall, (und dieser ist doch fast allgemein) der eine zeuge sechs, der andere nur eins. Werden wohl diese Kinder nach dem Hintritt ihrer Eltern gleiches Vermögen haben? — Werden wohl diese sechs so viel besitzen, als das einzige Kind besitzt? — Die Antwort ist ein allgemeines Nein. Und so seht ihr nun, daß die

Un-

Ungleichheit der Menschen eine nothwendige Folge ihres Daseyns ist.

Was heißt es dann sich beklagen, und murren, daß ihr nicht so reich, nicht so geehrt, nicht so weise, wie andere seyd? — Es heißt murren, daß ihr Menschen seyd. — Wie weit glücklicher seyd ihr, wenn ihr diese nothwendige Ungleichheit zugleich als eine nützliche Folge eures Daseyns betrachtet. —

Oder wie? — Wo anders, sagt der Verfasser der Schrift über die obengemeldte Proklamation, wo anders, als in der Ungleichheit, — in gegenseitiger Abhängigkeit liegt die Ordnung, die Schönheit, — die Verbindung, — der Zusammenhang, — die Vereinigung zu einem, und dem nämlichen Endzwecke? — Wo sind die Nationen, — die Familien, — wo sind einzelne Menschen, die der Herr sich gleich schuf an Kräften des Körpers und des Geistes? War nicht bisher auch im gesellschaftlichen Leben die Verschiedenheit der Stände und Verschiedenheit der Bürgerklassen die gegenseitige Stütze, und die einzige Erhaltung des Ganzen? — Sind nicht eben diese Klassen und Stände die Glieder

der der großen Weltkette, die getrennt nicht mehr fest, nicht mehr stark, nicht mehr Kette bleibt? — — Wie? — Wenn auf einem Schiffe die Matrosen und Knechte von Galliens Gleichheit träumten, nicht am Segelwerke, und nicht an Ruderbänken arbeiten wollten, wenn sie sich gleich setzten mit dem Steuermann, weil sie Gleichheit lieben, — was müßte in kurzer Zeit aus dem Schiffe, und aus denen werden, die darauf sich befinden? — — Wenn unter die Regimenter eines Fürsten Widersetzlichkeit gegen die Befehle sich einschliche, und Subordination und Esprit du Corps sich verlöre; wenn der Gemeine es wagen wollte, Befehle zu untersuchen, eh' er sie befolgt; wenn ihr Drang nach Gleichheit sie verleitete, den Anführer an die Laternen zu knüpfen, wo wäre Ruhe, — wo Sicherheit? Wo wäre in Kurzem die Welt? — Was wären wir, wenn alle nur befehlen, oder alle nur dienen; wenn alle nur nachdenken, oder alle nur das Feld bearbeiten wollten? Wenn alle gleich wären, welcher Knecht würde seinem Herrn dienen? — Welcher Vater würde für die Erziehung seiner Kinder sich etwas kosten lassen,

ihnen

ihnen die Erlernung der Wissenschaften einprägen, sie vom Bösen abhalten, und zum Guten ermahnen können? — Wenn alles gleich wäre — wo würden Hilfe, Beflissenheit, Industrie, Nahrung, und Wohnung seyn? — — Würden nicht in kurzer Zeit Felder ohne Anbau, Werkstätten ohne Handwerker, — Läden ohne Kaufleute, Dörfer ohne Bauern, Städte ohne Bürger seyn? — Würden wir nicht, wenn wir auch alle Reichthümer besässen, doch alle arme Leute seyn? Was würden uns die Geldkisten nützen? Wollten wir Arbeiter haben, wo wären sie zu finden, da alle gleich sind? — Wolltet ihr kaufen, so würdet ihr nichts erlangen, da alle gleich viel hätten; wir würden also selbst arbeiten, — selbst brauen, — selbst Kleider verfertigen, — selbst die beschwerlichste Arbeiten verrichten müßen. — Und was würde dann endlich entstehen? — Im Kleinen gerade das, was aus Frankreich im Großen — Betteley, und Unheil ohne Namen und Ende.

Unendlicher Dank also dem Allerhöchsten, der es so angeordnet hat, daß immer ein Mensch klüger als der andere ist! — und so

sehen

sehen wir Menschen, die sich mit verschiedenen Beschäftigungen abgeben. Einer bauet das Land an, und verschafft also den Uebrigen Nahrung und Lebensmittel; diese geben sich Mühe, jenes, was andere durch ihren Fleiß bearbeitet, zu verkaufen, und in ausländische Gebiete zu führen: — Einige beschäfftigen sich mit dem Nachdenken über Gott, über die Geheimnisse unsers Glaubens, über die Pflichten, die der Mensch Gott, sich, und seinem Nächsten schuldig ist, und unterrichten auch andere von diesen Gegenständen. — Einige durchforschen die Natur, die Erde, ihre Gewächse, und Kräuter um den Kranken helfen, und dieses Geheimniß entweder schriftlich, oder mündlich auch andern mittheilen zu können. —

Dank dem Allerhöchsten! daß Arme und Reiche nebeneinander sind; die Armuth treibt die Menschen an zu arbeiten; der Acker wird bebauet, das Vieh verpfleget, alles, was zu unsrer Nahrung, Kleidung, und Wohnung nothwendig ist, gebauet; Leute genug, die für gute Bezahlung alles zu thun im Stande sind. — Dank dem Allerhöchsten! daß Menschen

schen am Vermögen und Stande einander ungleich sind; — wir wissen ja, daß zur Ruhe, Einigkeit und Beförderung der Glückseligkeit in der Gesellschaft Gesetze nothwendig sind; aber wären wir alle gleich, wer würde Gesetze machen, — wer sie befolgen? — Wer würde sich unterwerfen, wenn der Bauer zu dem Herrn sagen könnte: „Ich bin wie du." — Dank dem Allerhöchsten! denn er hat uns theils durch die Geburt, theils durch Verstand und Wissenschaften Menschen gegeben, die befehlen, — und geben diese Gesetze — so schweigt alles; der Unterdrückte findet Schutz, der Arme Hilfe, der Gewaltthätige Widerstand. —

Ich weiß zwar, daß diejenigen, denen es daran liegt, euch mit der Gleichheit toll zu machen, verschiedene Beschwernisse aufsuchen; sie klagen immer über Bedrückungen von Seite der Landesfürsten gegen die Unterthanen; sie machen den Stand derjenigen, die über euch herrschen, weit glückseliger. — — Allein wisset ihr's dann nicht, daß eben diese diejenigen sind, die vor kurzer Zeit den Landesfürsten am meisten geschmeichelt haben, und nun am ungebundensten sich gegen sie betragen; — und aus was anderer Ursache, — als euch unter ihre Bothmäßigkeit zu beugen? Ist das nicht genug, ihre Spionen, und Bothschafter abzuweisen, ja jedes Wort, das sie reden, verdächtig zu halten? —

Allein sind wohl die Bedrückungen von Seite der Obrigkeiten gar so hart — gar so richtig — übertreibet man nichts? Wenigstens haben wir uns nicht so viel zu beklagen. Indessen wenn es dem also ist, — so folgt, daß wir von Menschen geleitet werden; und wer kann von Menschen alle Vollkommenheiten erwarten? — Zeiget mir einen Stand, wo keine Beschwernisse, keine Mißbräuche sind, und dann nehmet Steine, so viel ihr könnet, werfet sie auf jene, über die ihr kläget. — Obrigkeitliche Personen bleiben allzeit Wohlthat für gesellschaftliches Wesen, und bürgerliches Wohlseyn. Der Regen, und die Hitze, ob sie gleich manchmal schaden, bleiben doch immer Gegenstände unsrer Bitte. Die Obrigkeit, sagt der gelehrte Herr Weissenbach, ist nicht da, um immer nach dem Wunsch, und Geschmack der Leute zu sprechen. Was Eini-

gen

gen schwer fällt, ist eben, was Mehrere gewünscht haben. Gott selbst kann nicht allen Recht thun: er sollte manchem Gecken das rechtfertigen, was lauter Weisheit, lauter Vorsehung ist; und machte ers anders, kämen schon wieder andere, die ihr Mißfallen darüber bezeigten. — Doch ist er der einzige wahre Herr, welcher nichts befehlen kann, das ihm selbst, sondern nur, was seinen Dienern nutzet; darum auch alle übrige Herren, so der Diener bedürfen, nur Halbherren genennt werden, weil sie nebst dem fremden Vortheil immer auf den ihrigen zu achten haben. — Es fehlet dann hier weit mehr am schuldigen Gehorsam, als an ertheiltem Befehle. Die Geschäfte gehen recht, aber die Urtheile verirren sich. Darum kann man einem theils eigensinnigen, theils eigennützigen Betragen unzufriedner Leute anders nicht begegnen, als man sage ihnen von der Brust: „Es sey hart ihnen genug zu thun: und bey zweifelhaften Rechten schicke sich's besser, sie richteten sich nach der Obrigkeit, als die Obrigkeit nach ihnen." — Uebrigens steht es jedem Unterthanen frey, gegen das ungerechte Ver-

D 5   fah-

fahren seiner Vorgesetzten geziemende Gegenvorstellung zu thun. Fände er aber, wider alles Vermuthen, kein Gehör, oder könnte er voraussehen, daß alle seine Bemühungen fruchtlos ablaufen würden, weil sich etwa die Gerechtigkeitspflege in untreuen Händen befindet, oder die Umstände zu seinem Nachtheile sehr verwickelt sind; so hat er als christlicher Unterthan das Evangelium vorhanden, das ihn lehret, lieber das Unrecht zu übertragen, als durch Widersetzlichkeit, durch Selbsthilfe, durch Empörung sich an Gott, und seiner von ihm geordneten Obrigkeit zu versündigen.

Allein diejenigen, saget ihr, welche die Niedrigkeit drücket, was müßen sie nicht alles übertragen! — Doch was klaget und murret ihr über jene, die mehr besitzen, als ihr, und die über euch sind? Meynt ihr dann, sie haben gar keine Leiden, gar keine Sorgen? — Was für große Arbeiten haben sie nicht zu entwickeln, wie viele Nächte schlaflos durchzuwachen? — Betrachtet die Regenten; was haben nicht diese zu thun? Wollen sie ihrer Pflicht nachgehen, können sie, wie der heilige Bernard schreibt, (Epist. 68. ad Guilielmum

Ab-

Abbatem S. Theodorici) nur vorstehen um andern zu nützen. Und was soll ich erst von Aufsichten, Rathschlägen, Geschäften und Sorgen melden? Die sind täglich, und können nie geendiget, sondern nur unterbrochen werden. — Wer solche Beschwerden kennete, würde sich keine Kron, oder Inful unter der Bedingniß aufsetzen lassen, daß er sich allen denselben unterziehen solle. — Ich mag die Sache betrachten wie ich nur immer will, dünkt mir nicht übertrieben zu seyn, wenn man mit dem heiligen Augustin annimmt, insgemein gebe die Herrschaft dem Herrn weit mehr zu schaffen, als seinen Bedienten ihre Dienste. (Lib. I. de Civitate Dei. Cap. 16.) Dieß Nämliche hat auch der berühmte Raynaudus in seiner Moral Tom. III. Opp. dermaßen bewiesen, daß er einem jeden, der Vernunft und Einsicht besitzt, — und von der Leidenschaft ein Zeichen der oberherrlichen Macht an sich zu tragen, nicht hingeraffet ist, befehlen und herrschen für sein Lebtag verleidet hat. —

Richtet eure Augen auf die Reichen — die mitten in ihren Schätzen sitzen; — was für

für Kummer und Sorgfalt wenden sie nicht an, Reichthümer zu bewahren, Schätze zu vermehren? Wie viele Bitterkeiten finden sie nicht bey ihren Gütern? Wie oft beneiden, die Fürsten, die Herren und die Reichen diejenigen, welche unter dem Strohdache in der Niedrigkeit dahin leben? Denn alle auf dieser Erde Glücklichen, sagt der Verfasser der vorgeblichen Weltbeglücker, haben doch endlich nichts als Unterhalt und Kleidung. — Was dem Niedrigen an diesem mangelt, — dieses ersetzet seine Genügsamkeit, — der Begierlichkeit flecket nichts; der Noth flecket alles; — daher wissen wir, daß kluge obschon niedrige Christen bey ihrem schwarzen Bissen Brod hinter dem Pfluge singen, und von Betrübnissen nichts wissen. — Ihr wisset, wie arm Tobias mit seiner Familie lebte; aber Friede und Ruhe und Trost wohnte unter seinem Dache, weil er sich auf den Herrn verließ, diesen anrief, und alles von seiner Hand annahm. — Merkwürdig sind seine Worte, die er zu seinem Sohn sprach: „Sorge nicht, mein Kind! wir führen zwar ein dürftiges Leben; wir werden aber in der Gottesfurcht genug Güter haben;

ben; nur lasset uns die Sünde meiden, und die Tugend üben." (Tob. 4, 23.)

Was ist nun Gleichheit, mit der man den Kopf des leichtsinnigen Pöbels so heiß machet, und ihn wider alle rechtmäßige Obrigkeiten zu empören sucht? Ein süßer Traum — der bethöret; erwachet ihr, so findet ihr ein gehabtes Bild, das euch getäuschet, ein Ding, das euch schmeichelte, so lange ihr von Sinnen waret. — Gesetzt auch, es gelänge euch (das ihr euch doch nicht versprechen könnet) es gelänge euch, sage ich mit obgemeldtem Herrn Weissenbach, euch unabhängig zu machen; würdet ihr es doch nie dahin bringen, daß alle Stände und Personen gleich wären. Ja auch bey dieser Gleichheit hättet ihr nichts anders als Anarchie, das ist, den Sammelplatz menschlicher Armseligkeiten. — Wenn man keine Obrigkeit mehr hätte, hätte man auch keinen Schutz; ja es gäbe auch keine Untergebene mehr. — Jedem wäre alles gegen alle erlaubt. Kaum hätte man sich vom ersten Taumel seiner Unabhängigkeit erholet, würde einer zum andern eben das sagen, was dort der heilige Ephraem geschrieben hat: „Wenn wir alle, nur

nur befehlen, nur herrschen wollen, wer wird dann mehr unterworfen seyn, und gehorsamen? Wenn wir alle verlangen gleich geehret zu seyn, wer wird uns dann eine Ehre beweisen?" Kinder und Dienstbothen thäten, was sie wollten. Es hätte Niemand ein Recht auf andere; und wenn ers hätte, könnte ers nie betreiben; weil es allein der Stärkere zu bestimmen hätte, und ihm bloß der Arm den Ausschlag gäbe. Aller Zügel wäre abgenommen, das ganze Volk hätte ausgeartet; Ordnung, Ruhe, Sicherheit, Wohlwollen könnte nun nimmer verlanget werden. —

Geht nach Frankreich, geht zum neuen Babylon, und seht: Es ist schrecklich — (sind die Worte eines von Frankreich ganz orientirten Mannes,) und ohne die offenbarsten Beweise sogar unglaublich, daß eine sonst so kluge Nation in ihren Verirrungen so weit gehen, und nach den traurigsten Erfahrungen so lange darinn beharren, und gegen jede Ueberzeugung taub, des Elendes über sich noch immer mehr anhäufen kann! ihr unsinniges Ringen nach Gleichheit machte sie zwar alle gleich, erst zu Rasenden, und dann zu Geschöpfen ohne
Ge-

Gefühl der Ehre, ohne Rechtschaffenheit, ohne Vermögen: ihr wüthender Drang nach Gleichheit machte sie zu Sklaven ihrer Laster und Leidenschaften, und belegte sie, und den Staat mit Ketten, deren Gerassel ganze Welten aufschreckt, um die gebrandmarkte und gefesselte Gleichheit mit vollem Abscheu zu verachten, und in den Staub zu treten. — Da sie die uraltesten Gesetze, durch die ihr Staat groß, und ihre Bürger glücklich geworden, erst aus ihrem Zusammenhange rissen, und dann jedem einzelnen Gesetze Hohn sprachen; da jauchzten die Unseligen über ihr gänzliches Beginnen, und priesen die Gleichheit. Da sie die Rechte der Natur, der Gesellschaft, der Staaten verletzten, und bey jedem Eingriffe noch der Mäßigkeit sich rühmten; da liefen sie im Triumphe daher über ihre Unthat, und priesen die Gleichheit. — — Da sie den Damm, den die göttlichen Gesetze ihren Rasereyen gelegt, mit unglücklicher Freyheit gewaltsam niederrissen, da erscholl ihr gräßliches Gelächter, und sie priesen ihre Gl.ichheit. — Wir sind gleich, riefen sie, und wiegelten Bürger gegen Bürger auf: — Gleich: und entbanden den Wehrstand

stand vom Eide des Gehorsames und der Treue; — Gleich: — und stellten sich auf den Thron ihrem Könige an die Seite. — Gleich: rissen ihn herunter vom Throne in ihre Mitte, damit er fühle den Stand der Gleichheit; — Gleich: — und schrieben Gesetze, die sie nicht halten, und brachen Gesetze, die sie nicht ehren wollten. — Gleich: und zwangen den König unter Dolchen und Schwertern zu sagen, daß auch er gleich sey, gleich handle, und gleich ihr Unwesen billige. — Wir sind gleich, riefen sie, und schleppten den König, der gleich seyn wollte, unter Begleitung von Tausenden in sein Gefängniß der Gleichheit. — Gleich: — und erschöpften die Quellen des Staates, um daraus ihre Begierden und Leidenschaften zu sättigen. — Gleich: — und zernichteten die Vorrechte der Ahnen, der Verdienste, der Ehre, der Tapferkeit. Gleich: und mordeten mit eigener Hand diejenigen, die über den Verlust geraubter Rechte seufzten. — Gleich; und standen mit Banditen und Mördern im Bunde, zu tilgen vom Erdboden alle, die ihren Sklavenketten nicht willig die Hände bothen. —

Gleich:

Gleich; — und raubten, wenn sie es gelüstete, dem Adel und Bürger sein Eigenthum; nannten es Staatsgüter, und setzten sich zu Erben des Staates. — Gleich: — und befehdeten das Reich und seine Fürsten; — Gleich: und trotzten jedem freundlichen Zurufe für sein Eigenthum. — — O, der schändlichen Gleichheit! die ihre Anbether zu Sklaven macht; die jedes Laster, und Bubenstück vor den Augen einer staunenden Welt ungescheut verüben. — —

Deutsche Brüder! Abkömmlinge biederer Germanier! Bebt euch noch nicht das Innerste eueres Gefühls? — Betrachtet eine vor Zeiten so große, und bis unter die Menschheit erniedrigte Nation! Werfet einen Blick auf das Elend, in das Frankreichs Bewohner der Taumel ihrer Gleichheit gestürzet hat, und in das sie so gerne auch euch stürzen möchten! Blicket hinein! und wenn ihr hiezu noch gleichgültig seyd, so habet ihr aufgehört Menschen zu seyn. —

§. III.

§. III.
Was könnet ihr wohl Bessers hoffen? — Etwa Freyheit? — —

Was ist Freyheit? — — Der gesunde Philosoph antwortet: „Freyheit ist eine Eigenschaft der Seele, kraft deſſen ſie etwas thun, oder unterlaſſen, oder auch das Gegentheil thun kann." — Dieſe Freyheit iſt, und bleibt unerſchütterlich; — unſer innerſtes Gefühl ſagt's uns, daß uns der Herr frey geſchaffen habe. — Allein ganz anders klinget dieſer Name aus dem Munde der neufränkiſchen Proſelytenmacher: bey dieſen iſt Freyheit Frechheit, Zügelloſigkeit, Widerſtand gegen heilſame Geſetze, die Standarte des Aufruhrs, des Brudermordes, der Geilheit, der Plünderung, der Mordbrennerey, die Schutzwehr gegen Geſetz und Straf; kurz durch Freyheit verſtehen ſie nichts anders, als daß der Menſch thun oder laſſen könne, was ihm ſein Muthwillen, ſeine Leidenſchaften eingeben. Nicht wahr, deutſche Brüder! dieß iſt jene Lockſpeiſe, mit der man euch zu erſättigen ſucht? Doch ich will euch hierüber eines beſſern belehren,

und

und zeigen, daß, nachdem unter den Menschen gewiße Gesetze festgesetzt, angenommen, und eingeführet worden, es nimmer in der Willkühr derselben stehe, frey darüber zu handeln, und also die neue Freyheit eben so chimärisch, als die neue Gleichheit sey. —

Um nun von der Sache einen richtigen Begriff zu machen, müßen wir zweyerley Stände sehr wohl unterscheiden; den natürlichen Freyheitsstand, und den Stand in der Gesellschaft. — Bevor sich die Menschen Sicherheits- und Wohlfartshalber zusammengesellten, und sich freywillig einem Oberhaupt unterwarfen, — waren sie alle frey — von keinem Gesetze gefesselt, von keiner Strafe beängstiget. Von der Zeit her aber, als sie sich in Gesellschaften paarten, waren sie auch den gesellschaftlichen Gesetzen unterworfen.

Setzen wir nun, was den ersten Stand betrifft, den Fall. Peter befinde sich in einem weiten unbewohnten aber fruchtbaren Lande, z. B. in Sonora; dort ist er ohne Zweifel freyer Herr; die Wiesen, Aecker, Felder, alle Produkte von verschiedenen Arten stehen in seiner Macht, er kann mit selben machen, wie er nnr immer will; kurz: er ist vollkommen frey. — Nun kommt auch Paul in eben dieses Land; — seine Lage, Gewächse, Fruchtbarkeit u. s. w. reitzen ihn hier seinen Wohnsitz aufzuschlagen; er übet sein Recht aus eben den Gründen aus. — Es giebt nun jezuweilen Unfrieden, Hader und Zänkereyen, daher entschließet sich Peter dem Paul diesen Antrag zu machen, daß dieß Land sammt seinen Produkten in zwey gleiche Portionen getheilet würde. — Der Antrag wird nun auch von dem Panl angenommen, und wirklich zeichnen beyde ihre Besitzungen aus, und zäunen selbe ein. —

Jetzt frage ich: Ist's wohl einem aus diesem vermöge des Vertrags erlaubt, die Früchte eines andern wegzunehmen, wie zuvor? — Auf dem Felde des andern zu säen, zu ärndten, und das Getraide zu sammeln? — Keineswegs. — So sehen wir nun, daß auch nur unter zween individuellen Personen, um Ruhe und Sicherheit zu erhalten, nothwendigerweise Privatgesetze oder Verträge statt haben müßen. — Es ist also eine natürliche Folge, daß, jemehr sich Menschen in einem Lande versammeln

sammeln und niederlassen, diese desto weniger ohne Gesetze leben können. — In dem nämlichen Grade also, da die Gesetze zunehmen, beginnt die Freyheit abzunehmen; denn befiehlt das Gesetz etwas zu thun, oder zu unterlassen, so steht es nicht mehr in meinem Belieben etwas entweder thun, oder unterlassen zu können. In dem Falle also, da wir in eine Gesellschaft getreten, ist auch die Freyheit beschränkter. — Die Gesetze sind darum gemacht, den Leidenschaften der verderbten Natur Einhalt zu thun, und jede Gesellschaft in Ordnung zu halten. Es ist nun eine ausgemachte Sache, daß, je mehr Gesetze sind, desto weniger Freyheit sey. —

Fort also mit jenem schwindelnden vernunftlosen, und jetzt doch so allgemein gepriesenen, — so allgemein beklatschten, — so allgemein herrschenden Freyheitsgeist; der alles, was Gottesfurcht, Pflicht, Tugend und Religion heißt, verachtet, verlachet, verspottet, und alle Bande der Pflicht, der Ordnung, der Menschheit und der bürgerlichen Gesellschaft gelöset wissen will. — Fort mit jenem Freyheitsgeist, der alle Gränzen der Ehrbarkeit, der Billigkeit, und der gesunden Menschenvernunft mit kühner Stirne übertritt; — der die besten vaterländischen Gesetze muthwillig unter die Füße wirft, und alle obrigkeitliche Gewalt verachtet, — zerstört, — entkräftet, — und in Staub zertreten sehen möchte. — Fort mit jenem Freyheitsgeist! der auf nichts geringeres abzielt, als Sittlichkeit, Gesetze, Ordnung über einen Haufen zu werfen; und dagegen allgemein — so eine Freyheit einzuführen, die mit den natürlichen Gesetzen, wie mit den Gesetzen der Menschheit, — mit den bürgerlichen Gesetzen, wie mit den Gesetzen der Kirche und des Evangeliums nur Spott und Kurzweil treibt. — Nein! durch solch eine Freyheit würdet ihr nichts anders erhalten, als unzählbare Zwietracht, Unruhen, Unsicherheiten, und Beängstigungen eures so hart erworbenen Eigenthumes. —

Oder wie? — Was war dann das Hauptziel eurer Zusammentretung in die Gesellschaft? — War's nicht allgemeine Sicherheit? Seyd ihr nicht als Familien in Gemeinen, und die Gemeinen in Staatskörper und Nationen zusammengetreten, daß jedes Mitglied Schutz und

Si=

Sicherheit genöße? Und wer — wer anderer giebt euch diesen Schutz, diese Sicherheit, als Obrigkeiten, und ihre heilsame Gesetze? Die Obrigkeiten, die als getreue Wächter alles Eigenthumes ihrer Unterthanen durch kluge Gesetze jeden Schein und jede Gefahr der Ungerechtigkeit verbannen? — und durch uneigennützige — einsichtsvolle Räthe und Richter jedes Unrecht, und jede Schadenzufügung bestrafen und ersetzen? —

In dieser Verfassung lebten unsere Väter ruhig und vergnügt, denn sie waren sicher. Und ihr Nachkömmlinge dieser wackern Biedermänner! (sagt der Gedankenmacher über die Freyheit) wolltet das prächtige Erbtheil, die Sicherheit, die sie euch hinterließen, mit dem schreckenden Irrwisch einer falschen Freyheit vertauschen? — — Ihr ahmtet so närrisch jenem Hunde nach, der das schönste Stück Fleisch, da er am Wasser nach dem Schatten desselben schnappte, unglücklich aus dem Maul verlor. — Ihr sehet jenseits des Rheins den betrüglichen Schatten, oder besser zu sagen, das betäubende Schreckenbild einer falschen Freyheit; sobald ihr euch davon einnehmen lasset, verlie-

ret ihr die deutsche Freyheit, und macht euch zu
Sklaven, gleich den Fischen, die an die Angel
beißen. — Brüder! ihr seyd als Reichsunter=
thanen wirklich frey. —

Ihr klaget zwar über Frohndienste, Bo=
denzins, Lehnzins, Schatzung, Kopfsteuer,
Fallrechte, und andere dergleichen Abgaben. —
Allein gründet sich denn dieses alles nicht auf
uralte, und seit undenklichen Zeiten gemachte
Verträge, und hiemit auf unverletzbare Rechte,
wodurch sich der Landmann mit seinem Fürsten
auf's engste verband, und vermöge derer sich
Landleute, dieser Abgaben ungeachtet, glücklich schätzten, durch selbe ihre Sicherheit fest=
zusetzen? — Oder wie? — Sind es nicht
Verträge und Rechte, die aus der Natur der
Gesellschaft fließen, und die man ohne der
Gesellschaft zu schaden nicht verletzen kann?
Oder beweiset, daß ein Ganzes ohne Beysteuer,
ohne Zufluß von seinen Theilen bestehen könne? Wie stünde es wohl mit dem ganzen Men=
schen — wenn die Hände dem Magen nichts
mehr zuführten — wodurch er sich erhalten
kann? Oder wenn der Magen nichts mehr ko-
chen wollte? Nicht wahr, der Mensch würde.

in

in kurzer Zeit aufhören Mensch zu seyn? —
— — Auflagen sind ja allerdings nöthig in
dem bürgerlichen Leben; denn wie würden sonst
große Herren ohne einen solchen Beytrag diejenigen besolden können, die im Lande zu ihren
Diensten in großer Anzahl erfordert werden?
Wie würden sie ohne einen solchen Grund die
nöthigen Truppen unterhalten, oder die zur
Beschützung der Städte, und bey tausenderley
andern Gelegenheiten unvermeidliche Kosten
bestreiten können? — — —

Zudem werden ja diese Abgaben nicht für
den Luxus der Obrigkeit, sondern nur für euer
eigenes Wohl und Sicherheit gefordert. —
Oder wer ist wohl der Beschützer, der Wächter, der Hirt eures Eigenthumes? Ist's nicht
der Landesfürst durch seine Gesetze und Beamte? — Sollte es Jemand wagen, euch im
Besitz der Güter zu stören, eure Marksteine
zu versetzen; aus Neid und Haß eure Felder
zu verwüsten; aus Rachbegierde euch zu verfolgen, oder nach dem Eurigen zu greifen;
der würde vom Landesherrn gestrafet, und der
Schaden — wenn es anders möglich wäre,
ersetzet werden. — Und wie? Soll es euch

wohl.

wohl schwer fallen — solchen getreuen Beschützern — etwas von dem Eurigen abzuzinsen? —

Ferner sind der Obrigkeit Geld und Mundvorrath nothwendig, um der Nothdurft der Unterthanen steuern zu können. Ich habe die Ehre, etwelche dergleichen Obrigkeiten zu kennen; die ihren Unterthanen große Summen Geldes um geringe Zinse anleihen, mit der ausnehmenden Wohlthat, das Kapital stückweise und nach Kräften abstoßen zu können. Schickt euch Gott das Unglück zu, daß eure Feldungen vom stürmenden Hagel zerstöret; eure Wohnungen durch aufschwellende Wasserfluten ausgespühlet werden, woher wird euch Getraide gegeben, und euer Schaden wenigstens in etwas verbessert? — Sind es nicht die mildthätige Vorrathshäuser, und die Börsen eurer Landesobrigkeiten? —*) Ist's wohl wider die Freyheit, wenn ihr zur Erhaltung

der

---

*) Man hat aus den siebenziger Jahren Beyspiele hievon; wo die Obrigkeiten Deutschlandes über fünf Millionen theils an Gelde, theils an verschiedenen Nahrungsprodukten auf ihre Unterthanen verwendet haben. Wo ist nun der Dank dafür? —

der Künste und Wissenschaften, durch die euere Kinder zu tauglichen Männern gebildet werden, und welche die vielkostende Früchten der Fürstensorgen sind, etwas beytragen müßt? Ich meyne, es seye vielmehr Nahrung der Freyheit. —

Zu dem, wenn auch euere Abgaben noch so stark, — noch so drückend wären; solltet ihr selbe nicht mit größter Freude, mit stiller Einhelligkeit den Obrigkeiten darreichen, wenn ihr die Lage Deutschlands mit der Lage anderer Länder vergleichet? — Jetzt, sagt der gelehrte Rickenbacher, — wo die blühendsten Gegenden durch den alles verheerenden Krieg, — der wie ein wilder Waldstrom durch Ebenen, Felder, Dörfer, Städte, Länder und Königreiche daher stürmet, — wüthet, — tobet; — in den elendesten, traurigsten, armseligsten und erbärmlichsten Zustand herabsinken; — bleiben eure Fluren ganz, eure Wohnungen unberührt, — euer Tempel unentweiht, euere Saaten unbeschädigt, euere Wiesen und Felder verschont, und euere Heerden ruhig. — — Jetzt, — wo Mitlandsleute, — Mitbürger, — Freunde, — Brüder, — Väter

ter und Söhne einander verfolgen, einander auf die grausamste Art zum Tode aufsuchen, unter einander nur mit Plündern, mit Verheerungen und Mordthaten beschäftiget sind, — und untereinder wie wilde Furien in ihren eigenen Eingeweiden herum wühlen; — könnt ihr in süßer Ruhe euere friedlichen Tage dahin leben, und mit warmem Herzen, und heißen Thränen einander umarmen. — Jetzt, wo ohne Barmherzigkeit die Männer den schwachen, furchtsamen empfindlichen Frauen entrissen werden, — entrissen die Väter, — die arbeitsamen, treuen, Brod erwerbenden zärtlichen Väter den kleinen halberwachsenen Kindern; — die Söhne entrissen kraftlosen Greisen, Müttern, Schwestern, und Bräuten, — entrissen dem einen der Vater, dem andern der Sohn, dem dritten der Bruder, oder Freund, oder Stütze, oder Rathgeber, oder Wohlthäter; — könnt ihr in euren glücklichen Heimathen Vater und Sohn, Freund und Rathgeber, und Wohlthäter im ruhigen Genuße eures arbeitsamen Fleißes, in süßen Hoffnungen, im ländlichen Frieden ungestört genießen. — Jetzt, — wo

alles

alles jammert und wehklagt, und nirgends Hilfe weiß; alles Trost und Rettung sucht, und weder Trost noch Rettung zu finden ist! Jetzt, — ja jetzt — o kostbare — edle Sicherheit! — jetzt seht ihr einmal recht anschaulich den unendlichen Abstand, der zwischen euch, und dem schrecklich wüthenden Frankreich schwebet! — Welch ein Glück für euch, deutsche Landmänner! Ruhig — sorglos und unbekümmert beschützt durch wachende Gesetze — könnet ihr eure Matten anbauen, euere Aecker pflügen, und mit euern Gattinnen und Kindern — im Schooße sanfter, häuslicher Eintracht, des Friedens, der Freude und der Genügsamkeit die Früchte eurer Arbeiten, eurer Güter genießen und verzehren. — Und dieses so köstliche Kleinod wollet ihr ganz muthwillig, wie Koth von euch werfen, und dagegen mit jener schandvollen, verfluchten, und mehr als sklavischen Freyheit der Neufranken verwechseln? — — —

Oder wie? — Müßen nicht selbst Frankreichs republikanische Heilmethodisten eingestehen, — ja schreyen nicht die von allem nun gänzlich freye Mitglieder dieser ausgeschämten

Na=

Nation, daß durch ihre Freyheit ihre Uebel nicht nur nicht gehoben, sondern mit noch viel erheblicheren, und ganz unaustilgbaren seyen vertauscht und vergrößeret worden? — die unendlichen Landtaxe, sagt fast wörtlich der gelehrte Selner, waren der Gegenstand einer Volksklage: der Nationalkonvent nahm sich dieser Gedrückten an, half allen Gebrechen auf — wodurch? — durch die Wegnahme des ganzen Landes, und nun ist der Landmann frey: seine Aecker liegen öde, seine Weinberge verwüstet, seine Früchten von den Nationalarmeen aufgezehret, sein Geld in den Händen der Volksrepräsentanten. — Der Pöbel schrie über den gutsherrlichen Zins, der von den Ländereyen des Volks mußte bezahlt werden: der Konvent half diesem Elende ab — wodurch? — Setzte für gutsherrlichen Zins — die Grundsteuer, — die Distriktssteuer, — die Tribunalsteuer, — die Nationalsteuer, — die Departementssteuer, — die Kriegssteuer, — die Patentensteuer, — die Kantonssteuer, — die Friedenrichterssteuer, — die Stempelsteuer, die Controleurssteuer, — die Wegsteuer, — die Brückensteuer, — die
Steuer

Steuer auf die Bedienten — die Steuer auf die Pferde, — die Niederkunftsteuer: *) kurz so viel Steuern, als Schwindelköpfe im Konvent zu Paris. — Das Volk, oder vielmehr die Blutigel des Volkes durch seinen Mund eiferten über die Ausgaben des Königs, musterten seine Oekonomie, und rechneten die königlichen Geldsummen auf zehn Millionen; — die Volksrepräsentanten stimmten mit in das Gelärm, und verbesserten das Finanzwesen durch dreyßigtausend Millionen Aßignate ohne Kredit. — — — Es kalkulirten Kesselflicker, und Bartscheerer, Soldaten, invalide Philosophen, und stumpf gewordene Mathema-

---

*) Ein Handelsherr aus Paris, der mit mir zu Tische saß, bezeugte mir, daß vor zween Monaten im Konvent dekretiret worden: alle unglücklich gewordene Jungfrauen sollten doppelte Kopfsteuer bezahlen. ... Als dieß eine junge Dame hörte, sagte sie lächelnd: „Wollte Gott! dieß Dekret wäre vor fünf Jahren an das Tageslicht getreten! so hätten wir vor neuntausend nur mehr vier tausend Millionen Schulden. — — —

matiker, und lärmten, daß die Nation in eine Schuld von dreyhundert Millionen sey versetzet worden: die Jakobiner und Banditen auf dem Berge versprachen Rettung, und? — nun hat die Nation neuntausend Millionen — Schulden. — Der Bauersmann klagte, daß seine Söhne und Knechte mit Gewalt zu Soldaten genommen werden, der Konvent in Paris hilft diesen Seufzern ab, — und treibt sie zu Tausenden mit der Allarmtrommel und Sturmglocke in Heere — von Freywilligen. —

Ueber vernachläßigte Justizpflege, über verjährte Prozesse klagte der Bürger und Bauernstand, der Konvent fällt in das Mittel, verjagt Richter und Advokaten, und endet nun alle Prozesse ohne vieles Abhören durch die prompteste Justiz — am Laternenpfahle — oder unter der Guillotine. — — Vermögen ist nun Verbrechen, viel Geld Aristokratie. — Das Volk beklagte sich über die vorgemalte jährliche

Aus-

Ausgabe des Königs, die sich auf fünf und zwanzig Millionen belaufen sollte, der Konvent wies dem König und seiner Familie Taglöhnerskost an, und ökonomisirte so sehr, daß nun die Nation für siebenhundert Könige hundert fünfzig Millionen bezahlen muß. Zum Beweiß des französischen Despotismus setzte man die Bastille aus, in welcher zwar Könige Blut vergossen, aber nur das Blut der Reichsfeinde oder der Bösewichter. — Diese wurde zerstöret, sieben an der Zahl losgelassen, und nun ist das ehemals so blühende Königreich ein großes Gefängniß, wo viele tausend Menschen einem noch härtern Schicksal entgegen sehen: eine weitschichtige Blutbühne, wo jeder Bürger bald Richter, bald Henker, bald der Verurtheilte ist; *) Die Nation woll-

F te

---

*) Es ist sogar aus öffentlichen Blättern erwiesen, daß die Zahl jener, welche die Revolution durch Schwert, Strick, Gift, — Hunger und Elend aufgerieben hat (die Ausgewanderte

te frey seyn, und ist nun eine Sklavinn der Volksregenten. Der Bürger wollte frey seyn, und gehorchet nun jedem Buben, der List und Verwegenheit hat: der Bürger wollte frey seyn von Abgaben und Zehnten; und der Konvent greift nun mit Gewalt nach dem letzten Heller des Frankreichers. — Welch ein Zeitalter kann so viele Anklagen, so viele Verbannungen, so viele Rachgier aufweisen? — Wer paares Geld hat, wird als ein mauvais citoyen ausgeschrieen; wer noch gut denkt, wer Sitten und Religion ehret, den jagt man zum Reich hinaus, oder wird als Aristokrate massakritt.

Ist das wohl Freyheit, deutsche Landsmänner? — Und werden sie es euch wohl besser machen, wenn sie in eure Landen kommen?

---

derte nicht gerechnet) alle Todtenlisten des letzten Türkenkriegs bey den Russen, Oesterreichern, und Türken zusammengenommen, um mehr als vierzigtausend übersteige.

men? — Wurden wohl die Mainzer frey? wurden da nicht viele Bürger zu Bettlern? — Wurde Frankfurt frey? mußten sie sich nicht, da sie ihnen die Thore öffneten, zu einer Brandschatzung von zwey Millionen verstehen? — Wurden die Zweybrücker, — Pfälzer, und Falkensteiner frey? — wurde nicht vorzüglich den Bürgern und Landleuten ihr Vermögen genommen? wurden nicht Bürgersöhne mitgeschleppet, und zum Dienste gegen ihr Vaterland gezwungen? — — Raubten sie nicht dem Manne das Weib, der Mutter die Tochter, dem Bräutigam die Braut, um vor ihren Augen selbe zu schänden, oder zur künftigen Population in ihrem Lande aufzubewahren? — Waren wohl die Niederländer, als die Franzosen ihr Gebieth besetzten, frey? — O wie sehnten sich die so freye Bürger gleich anfangs nach der vorigen Regierung, über welche sie doch vorher so übel zu sprechen waren!!! Sind

F 2 wohl

wohl die Trierer, — Koblenzer, und Kölner frey? Sie schmachten bereits im Mangel der Lebensmittel; alles, was sie noch besaßen, ist hingeraffet, ihre Obstbäume umgehauen, ihre Weinberge verwüstet, sogar ihre Dachbalken in Ofen geworfen. — Der gute Landmann genießt von den Franzosen diesen einzigen Vortheil, daß er nach und nach alles verliert, und so gewiß ganz frey wird.

Jetzt, deutsche Brüder! Was könnet ihr wohl Besseres hoffen; die ihr den thörichten Wunsch äußert: „Wenn doch nur einmal die Franzosen ins Deutschland kämen!" — Ist's bessere Religion? — Ist's Gleichheit? — Ist's Freyheit? — — Die schrecklichsten Uebel sammt ihren Folgen habe ich euch zur Warnung aufgestellt, versammelt aus jeder Provinz des großen Deutschlands alle unzufriedensten, alle ungenügsamsten, und unbehaglichsten

ſten Bürger; höret ihre Klagen an, unterſuchet ſelbe mit unpartheyiſchem Auge, ohne Neid, und Rachſucht gegen eure Obrigkeiten, vergleichet dieſelbe mit jenen der unglücklichen Republikanern Frankreichs; und ſie werden euch überzeugend beweiſen, daß ihr, mit ſegnendem Blicke auf eure Fürſten, verbunden ſeyd, für ihre Menſchenliebe, für ihre väterliche Sorgfalt dem Himmel zu danken, und euch durch reinen Eifer für die Religion, durch behenden Gehorſam gegen die Geſetze, durch Sittlichkeit, durch Nächſtenliebe würdiger zu machen, von ſo guten und ſanften Fürſten beherrſchet zu werden. — Denn wiſſet, daß jede Abweichung von der Religion, jede Entfernung von den Geſetzen, jede Befriedigung der Leidenſchaften, zugleich auch der erſte Schritt zum Unglücke, und die erſte Entfernung vom Wohlſtande, von Ruhe und Glückſeligkeit ſey. Zu dem, einen Stand, in dem uns nichts beunruhigen, nichts stören, nichts kränken, nichts überlästig seyn soll, suchen wir auf dieser Erde mit vergeblicher Bemühung. Nach der Epoche unsers Daseyns — dort über dem Grabe — werden wir jene Behaglichkeit erhalten, nach der wir durch Müheseligkeiten dieses Lebens ringen müßen. —

Indessen vernehmet noch zuletzt die Ermahnungsworte eines großen Bischofs unsers Deutschlandes: Seyd arbeitsam und mäßig. — Diese zwo Tugenden sind das zuverläßigste Mittel gegen die Unzufriedenheit, die aus Mangel entsteht; so wie Faulheit und Luxus die gemeinsten Quellen der Dürftigkeit sind. — Faulheit ist es, welche das Fortkommen erschwert, und die Mittel mindert, welche man zum Lebensunterhalt und zur Erziehung der Kinder nöthig hat. Luxus aber ist es, der oft das reichste Vermögen verschmelzt, den

täg-

täglichen Erwerb unzulänglich macht, die Bedürfnisse vermehrt, und Ausgaben vervielfältiget, die immer die Einnahme übersteigen. — Ich bin überzeugt, daß der häufigen Klagen um viel weniger seyn würden, wenn Betriebsamkeit mehr im Gange wäre, wenn jeder frühzeitig genug sich zur Arbeit anschickte, und anhaltend darinn ausdauerte; wenn nicht Luxus so viele Summen verschlänge, und Eitelkeit von einem Stande zu dem andern fortgriffe. — Darum seyd arbeitsam, hütet euch vor allen Arten der Verschwendung, zieht eine einfache Lebensweise der wollüstigen vor, mindert eure Bedürfnisse, statt sie zu vermehren, und wählt in Absicht auf eure Erholung nur jene Vergnügungen, welche die unschuldigsten, und zugleich am wenigsten kostspielig sind. Bewahret hiezu euer Herz vor dem Neide, vor stürmischen Begierden und Wünschen; schielt nicht auf fremdes Glück, Vermögen,

Eh=

Ehre, fremde Vorzüge und Vorrechte. Beurtheilt alles richtig, nicht von der Außenseite, und denkt, daß nicht alles, was euch gut scheint, auch gut ist, oder daß es für euch besser seyn würde, wenn es auch andern besser ist. Lasset nie den Glauben an die göttliche Vorsicht in euch dunkel werden, die ihre Gaben weislich austheilt, und jedem, der auf sie vertraut, und das Seinige zumißt; und merkt es euch zum Denkspruch, was Paulus sagt: Frömmigkeit mit Genügsamkeit verbunden ist ein großer Vortheil; oder was er an einem andern Orte spricht: Wenn wir Kost und Kleidung haben, lasset uns zufrieden seyn.

www.ingramcontent.com/pod-product-compliance
Lightning Source LLC
Chambersburg PA
CBHW020304090426
42735CB00009B/1211